CHRISTOPHE PELLETIER

VERS DE TERRE

Poèmes Choisis sur l'Agriculture et l'Alimentation

Vers de Terre

Du même auteur:

- Future Harvests – The Next Agricultural Revolution (2010)
- We Will Reap What We Sow – Reflections on Human Nature, Leadership and Feeding a Growing Population (2012)
- Down to Earth – Selected Poems about Food and Farming (2021) (Version anglaise de « Vers de Terre »)

Copyright © 2021 Christophe Pelletier
Tous droits réservés
ISBN: 9798455501777

Couverture: « Le Lombric Maraîcher », by Marie-Emmanuelle Pelletier
Copyright © 2021 Marie-Emmanuelle Pelletier
Tous droits réservés

Table des Matières

Préface..7

CHLOROPHYLLE..11

    Germination...13

    Printemps 14

    Photosynthèse (sonnet) 15

    Les Blonds Arpents (villanelle) 16

    Mauvaises Herbes...17

    Sol...18

    Fumier (haiku) 19

    Humus..20

    Le Lombric (limerick)..21

    Gouttes d'Eau (haiku) 22

    Coton (haiku) 23

    Digitale 24

    Agtech 25

    Sécheresse...26

    Le Verger 27

    Vendange 28

    Les Etourneaux 29

    Lavande (rondeau) 30

    Terroir 31

PASTORALE...33

    Reproduction 35

    L'Abeille..36

    Le Berger (villanelle) 37

    Une Nouvelle Vie...38

Dans le Pré	39
A la Traite	40
Porcelets	41
Le Cochon	42
Les Petites Chèvres	43
Balles de Tennis	44
Le Coq au Vin (limerick)	45
Le Tyee	46
La Chasse	48
Face-à-Face	49
La Tisonnerie	50
Tons d'Automne	51
Long Sommeil	52
HUMAIN	53
L'Eveil	55
Camaraderie	56
Les Doigts Noueux	57
Titan, le Fermier	58
La Fermière (sonnet)	59
Le Gourmet	60
Le Gourmand	61
Le Glouton	62
Le Chef (haiku triple)	63
Le Sommelier	64
Joe	65
Le « Philanthrope » (limerick)	66
Les Snobs	67

COMESTIBLES ... 69

Le Marché ... 71

La Cuisine ... 72

Le Restaurant ... 73

L'Ingrédient Secret ... 74

Glucides (rondeau) ... 75

Lipides (sonnet) ... 76

Protéines (rondeau) ... 77

Levain ... 78

Gluten (haiku) ... 79

Fermentation ... 80

Dégustation (villanelle) ... 81

La Table ... 82

Le Homard (limerick) ... 83

Le Rôti ... 84

La Sauce ... 85

L'Œuf ... 86

Lait ... 87

Plateau de Fromages (villanelle) ... 88

Moisissure (limerick) ... 89

Fragaria ... 90

Chokorēto (haiku) ... 91

Nougat ... 92

DESTINATIONS ... 93

Elégance ... 95

Bella Italia (villanelle) ... 96

Gemuetlichkeit ... 97

Nuit Andalouse 99

Oasis 100

Bharati Masala 101

Perfectionnisme 102

Torride 103

Paradis 104

Eldorado 105

Table de Riz 106

GRAVITÉ 107

Nostalgie 109

Authenticité 110

Gaspillage 111

Faim 112

Point de Rupture 113

Sacrifice 114

Humilité 115

Toujours Assez (sonnet) 116

Ballade des Déracinés (ballade) 117

Respect (haiku) 119

Artifice 120

Biodiversité 121

Nature (sonnet) 122

Sauterelles 123

Le Futur (quadruple cinquain) 124

Cinq Etapes (quintuple haiku) 125

Terre à Terre 126

Au sujet de l'auteur 127

Préface

Il y a toujours quelque chose d'excitant, mais aussi une appréhension, lorsque l'on se lance dans un nouveau projet. Comme beaucoup d'autres personnes, je me suis amusé à faire des rimes dans le passé, juste pour rire. Cette fois-ci, ma motivation était tout autre. Je voulais écrire de la poésie pour exprimer des sentiments et des émotions. Ce désir apparut à l'improviste. Je n'avais aucune velléité particulière d'écrire des poèmes mais un évènement inattendu et attristant allait changer la situation.

Un ancien membre de l'équipe que j'avais mise en place en Colombie Britannique au Canada, décéda. Il mourut à l'âge encore jeune de 65 printemps, d'une forme rare et fulgurante de cancer, auquel il succomba en deux semaines. Il s'appelait Joe Collins. Nous avions une relation très dynamique et performante. Le but de mon transfert au Canada en 1999 était de transformer et de remettre financièrement à flots les activités locales d'élevage de saumon de la multinationale néerlandaise pour laquelle je travaillais. Joe avait un talent inné pour les ventes et il joua un rôle crucial dans la réussite de ma mission. Nous nous entendions merveilleusement et grâce à ses aptitudes, nous dépassâmes les objectifs les plus ambitieux que j'avais définis. Mais Joe était bien plus qu'un commercial de talent. Il avait de grandes qualités humaines. Il était aimable, positif et enthousiaste. Il avait aussi un niveau rare d'intégrité. Je ne connais personne qui ait dit quoi que ce soit de négatif sur lui. Donc, je reçus la nouvelle de son décès et j'en fus véritablement abasourdi. Soudain, je ressentis le besoin d'écrire quelque chose sur lui. Je ne voulais pas particulièrement écrire un éloge funèbre. J'avais juste besoin de laisser aller mes pensées, ce qui vint sous la forme d'un poème que vous trouverez dans ce livre. Ce poème s'intitule « Joe ». Ce n'est certainement pas un titre original, mais pour tous ceux qui le connaissaient, il était Joe, et nous savions tous ce que cela voulait dire.

Je finis le poème sur Joe, mais je n'avais pas terminé. J'avais besoin d'exprimer beaucoup plus que cela. Peut-être avais-je un besoin inconscient d'écrire sur des sujets que me tiennent particulièrement à cœur, et puisqu'une des mes passions est l'agriculture et l'alimentation, je décidais de poursuivre sur cette voie. J'avais déjà écrit sur ces sujets, mais sur le thème beaucoup plus sérieux de l'avenir de l'agriculture et de l'alimentation, ainsi que sur les défis à nourrir une population mondiale croissante. De toute évidence, ce livre-ci est plus léger, bien qu'un certain nombre des poèmes traite de sujets graves, et que j'ai réunis dans la partie intitulée « Gravité ». Ce livre contient cinq autres parties : « Chlorophylle » consacrée au végétaux, « Pastorale » qui traite des animaux, « Humain » peignant des personnages, « Comestibles » sur les aliments, et « Destinations » pour les cuisines des certains pays qui me sont chères.

Tout d'abord, il me fallait rechercher des informations sur la manière d'écrire sérieusement de la poésie et les différents styles et formats. Une de mes préoccupations était d'en savoir davantage sur la nécessité ou non d'utiliser des rimes. Est-ce que mes poèmes doivent rimer ? Comme pour toute chose, les opinions sont nombreuses et souvent divergentes. Il y a de bons arguments en faveur de chaque point de vue. Une des difficultés qu'il y a à écrire en rimes est qu'il n'y a qu'un nombre limité de possibilités pour trouver des rimes acceptables. Il est toujours possible de tournicoter les vers de telle façon qu'ils riment, mais cela n'est pas sans conséquences. En particulier, cela peut donner des vers qui donnent l'impression d'être forcés, ce qui se ressent et appauvrit singulièrement l'impact du poème. Pour certains formats, ceci n'est pas très important. Par exemple, les limericks, qui sont de courts poèmes de cinq vers avec un ton humoristique pour lesquels des rimes tirées par les cheveux conviennent en fait plutôt bien. Cela marche bien aussi pour les villanelles, qui sont une forme de poésie qui contient un rythme comparable à une chanson avec son refrain. Mais pour les poèmes qui ont un ton sérieux, je suis arrivé à la conclusion que la nécessité de rimer n'est pas absolue pour obtenir l'effet désiré. Dans toute la mesure du possible, j'ai écrit les vers en rimes, mais lorsque j'avais à choisir entre une trouver rime ou exprimer une émotion, je choisis de donner priorité à l'émotion.

Un autre aspect auquel j'avais à tenir compte est que lorsque j'ai écris mes poèmes, je les ai rédigés en anglais. Vivant au Canada anglophone depuis de longues années, c'est la langue que j'utilise à longueur de temps et mes livres précédents sont aussi écrits en anglais. Donc, le problème des rimes se posa en fait deux fois lorsque vint le moment d'écrire la version française. Une fois la version anglaise terminée, je me lançais dans la traduction en français. Sauf exception particulièrement rare, il est impossible de traduire littéralement un poème, de le faire rimer et garder le même nombre de syllabes par vers. Je choisis donc de faire une traduction plus portée sur le message et l'atmosphère du poème. Cela résulte en des vers et des poèmes parfois légèrement différents de la version originale anglaise. En faisant la traduction, un effet plutôt positif a été que la version française adaptée m'amenait à repenser le poème original, et ainsi à aussi apporter des modifications à la version anglaise, ce qui me semble avoir été bénéfique pour chaque version. Il n'y a qu'une seule exception : J'ai écrit La Ballade des Déracinés initialement en français, puis je l'ai ensuite traduite en anglais. Finalement, l'exercice a produit deux recueils de poèmes qui bien que semblables, ne sont pas non plus des copies absolument conformes. Deux pour le prix d'un en quelque sorte. La version anglaise est intitulée « Down to Earth », ce qui se peut se traduire par « Les Pieds sur Terre » ou bien « Terre à Terre », mais il m'était trop tentant de choisir « Vers de Terre » pour un recueil de poèmes en français. Personnellement, je n'ai aucun problème avec des jeux de mots un peu faciles.

Parmi mes poèmes, une des formes que j'ai utilisée est le haiku, une forme traditionnelle de poésie japonaise qui se compose de 17 syllabes réparties en trois vers de 5, 7 et 5 syllabes, respectivement. Un haiku ne requiert pas de rimes nécessairement. Dans ce recueil de poèmes, j'ai utilisé les formes suivantes : sonnet, rondeau, villanelle, haiku, limerick, cinquain, ballade et poésie en vers libres. Le format particulier d'un poème est indiqué directement dans la table des matières, le cas échéant.

Un certain nombre de mes poèmes trouvent leur origine dans des expériences personnelles ou traite de sujets qui me sont chers. Je laisse au lecteur le plaisir d'imaginer lesquels et pourquoi. Ecrire ce livre a été une expérience très intéressante et enrichissante. Cela n'a pas été toujours facile. Cela a pris du temps. Bien que j'avais écrit ces poèmes en moins de deux semaines, j'ai attendu presqu'un un an pour les réviser. Cette approche s'est avérée utile. Le temps qui avait passé me permit de les relire avec plus de distance et moins de bagage émotionnel que lors de la rédaction initiale. J'ai aussi voulu écrire ces poèmes avec une dimension pédagogique. Il y a tellement d'histoires fantaisistes qui font la ronde au sujet de l'agriculture et de l'alimentation que j'ai eu le désir d'y apporter une petite touche qui me semble propice à la conversation. J'espère que ce sera le cas. Plus que de savoir qui a tort ou qui a raison, ce qui prime est de pouvoir discuter de ces sujets de manière positive, ce qui malheureusement semble être devenu difficile en ces temps de polarisation et d'intolérance. Il ne tient qu'à nous de changer cela.

Ce travail fut un exercice parfois quelque peu laborieux, mais au bout du compte je peux affirmer sans le moindre doute que j'ai pris beaucoup de plaisir à composer ce recueil. J'espère que vous en aurez tout autant à sa lecture.

Christophe Pelletier

CHLOROPHYLLE

Vers de Terre

Germination

A peine perceptible, le miracle se produit lentement,
Surgissant de l'immobilité avec une vigueur puissante ;
Energie concentrée qui nourrit un nouveau commencement,
Ouvrant la graine et désir de vivre, force étonnante !
Tel un œuf sortant d'hibernation,
De la pousse éclot une nouvelle création,
Peu à peu repoussant la terre comme un soc de charrue,
Ancrant ses minuscules racines pour extraire de précieux éléments ;
Ressemblant à un yogi s'étirant en précis mouvements,
Courbé et fragile, une étape nouvelle est apparue.
Prenant des forces, elle étend son feuillage d'un intense vert,
Bras puissants étendus vers le soleil avec avidité ; le mystère
De la vie extirpe la plante de sa gangue en une victoire glorieuse.
Un commencement prometteur qui sera défié durant des lunes,
Jusqu'à ce que le temps soit venu pour une récolte généreuse.

Printemps

Le jour est clair et une lumière chaleureuse illumine les fermes ;
Un long sommeil langoureux arrive à son terme,
Animaux encore endormis sortant de leurs tanières,
La Nature s'éveille à la douceur printanière.
Les oiseaux picorent le sol pour une graine ou un fragment de plante ;
En quelques jours la transformation est étonnante.
Vie en plein épanouissement peuplée de feuilles de jades juteuses,
Il est temps de trouver un partenaire, les pulsions sont vigoureuses.
La Nature frémit d'un bonheur frénétique,
Sentant le soleil et son doux baiser féerique.
Elle danse au son d'une assourdissante symphonie,
La musique est partout, quelle joyeuse harmonie !
La saison nouvelle arrivée, le meilleur est à venir ;
Il est temps d'œuvrer pour l'avenir !
Fermier, prend bon soin de la Terre, notre mère
Sa récompense n'a pas de prix, elle est notre nourricière.

Photosynthèse

Biosphère en bonne santé offre tout son potentiel :
Eau, liquide de la Vie, énergie solaire,
Absorbant minéraux fertiles et gaz de l'air ;
Enracinée en terre, une plante trouve l'essentiel,

CO_2 présent en quantités substantielles,
Lié à l'eau pour une économie circulaire.
Dans les méandres de la biologie foliaire
A lieu une transformation quasi industrielle ;

Dans la feuille, chloroplaste, réacteur minuscule
Fusionnant en glucides ces deux molécules.
Biochimie, base de toutes les chaines alimentaires,

Pile enfouie dans les graines, les bulbes et tubercules ;
L'azote viendra des nitrates du sol, qui circulent.
La photosynthèse a créé la vie sur Terre !

Les Blonds Arpents

Quel beau paysage que ces arpents de blé blond !
Fermier, prends soin du trésor qui pousse dans tes champs !
Le chaud été donnera une abondante moisson

Les betteraves ont montré que ton sol est fécond ;
Attends-toi à récolter un bon rendement !
Quel beau paysage que ces arpents de blé blond !

La Nature peut être cruelle, fais attention !
Les vermines et maladies attendent leur instant ;
Le chaud été donnera une abondante moisson

Dans le lointain, des voisins en admiration,
Te voyant travailler chaque jour si ardemment ;
Quel beau paysage que ces arpents de blé blond !

Après de longs mois de labeur vient la saison,
Heureusement, le climat a été clément ;
Le chaud été donnera une abondante moisson

Plein de grain au grenier, quelle belle satisfaction !
Ton chapeau de paille, et soleil au firmament
Quel beau paysage que ces arpents de blé blond !
Le chaud été donnera une abondante moisson !

Mauvaises Herbes

Rebelles insolents envahissant champs et jardins,
Ajoutant à la charge de travail de tout un chacun ;
D'abord, semblant céder à l'action de l'Homme,
Ressurgissant dès le lendemain se moquant de sa pomme.
Elles contre-attaquent, le plaisir n'aura pas duré longtemps ;
De nombreuses échines endolories en témoignent péniblement.
La lutte est inégale, tout comme Sisyphe et son rocher ;
Si déprimant, une fois achevée, la tâche est à recommencer.
Pourquoi les cultures sont-elles si vulnérables
Alors qu'il est quasi impossible d'éliminer les indésirables ?

Sol

Apparemment inerte et sans âme,
Ce n'est qu'une impression, bien au contraire !
Ce microcosme fourmillant où tant se trame,
Au cœur de cette fine pellicule recouvrant la Terre :
Un Bazar, monde plein de vie et de mystère
Où une myriade de créatures s'activent sans fin.
Elles ont toutes besoin des autres pour quelque dessein,
Prêtes à faire du troc pour être prospères ;
Une économie efficace et complexe reposant
Sur une infrastructure de sentiers et tunnels époustouflante,
Qui à chaque instant servent les besoins des plantes.
Elles sont les philanthropes véritables, hôtes des champs
Humbles et timides, travaillant dans cette nébuleuse.
Adressons-leur une pensée bien respectueuse !
Elles travaillent pour notre nourriture, ardemment.

Fumier

Ami de la Terre,
Riche en éléments fertiles
Fumier, nourris-nous !

Humus

Le cycle sans fin de la vie a sa demeure,
Enfouie dans la terre telle des catacombes ;
Extrayant sa force de la pourriture et de la mort
En une bouillie infâme aux tons gris sombres.
Masque de beauté, élixir de jouvence pour notre mère nourricière,
Puissant antidote aux poisons d'une disette et ses malheurs.
Une vie éteinte revient comme un esprit apportant vigueur
Aux cultures, promesse d'une récolte somptueuse et prospère,
Redistribuant eau et minéraux avec une précision d'apothicaire,
Protégeant le sol d'une érosion funeste et délétère ;
Cycles de la biosphère convergents dans ce nexus
Couche fragile de matière organique, Humus !

Le Lombric

Dans un champ de haricots, un ver de terre en train de ramper
Creusant le sol compact, il l'avait bien aéré ;
Une explosion éphémère,
Et il ne restait qu'un cratère ;
Pauvre ver, manger trop de ces fayots l'avait fait péter !

Gouttes d'Eau

Liquide de la Vie
Chaque goutte est nourriture
Précieuse come l'or

Coton

Boules de neige, jadis
Champs de larmes et de sang,
Pour une chemise neuve

Digitale

Beauté naturelle qui séduit l'attention du promeneur
En quête de rêves insaisissables ou bien simplement d'une âme ;
Attirance irrésistible qui a un côté moins flatteur,
Une drogue qui peut guérir ou empoisonner, c'est là le drame.
A dose raisonnable, elle fait bien son travail,
Aide l'organisme à fonctionner harmonieusement,
Mais à dose trop élevée, utilisée trop fréquemment,
Tout change, se dérègle et déraille.
Digitale qu'elle soit, mieux vaut se méfier de la tentation,
Les effets secondaires sont néfastes, soyez prudents !
Vomissements incontrôlables de mensonges aberrants,
Nausées et vertiges causés par de la désinformation,
Diarrhées sans fin de données inutilisables,
Vision troublée, pensées confuses et nuances imprécises
Qui peuvent se terminer en crise nerveuse fatale.

Agtech

Parcourant tranquillement les champs vaquant à leurs occupations
En groupes coordonnés, échangeant leurs observations ;
Spectacle vraiment fantastique de petits robots interconnectés,
Vision moderne et futuriste des Glaneuses de Millet.
Récolter, traiter et analyser, tel est leur labeur,
Ensemble et fidèles à leur bienveillant Big Brother ;
L'information est un pouvoir, circulant en boucles digitales.
Jusqu'alors les machines n'ajoutaient que muscle de métal ;
Capteurs, satellites et drones comme extension des cinq sens,
Aux capacités bien au-delà de celles d'un humain, très méticuleuses.
Système nerveux de nouvelles technologies, à l'omniprésence
Dont la beauté réside dans ses synapses nombreuses ;
Objets liés et unis multipliant à l'infini leur potentiel,
Agriculture révolutionnaire ; toute puissante intelligence artificielle
Déterminant les besoins des plantes et animaux en une milliseconde,
La précision est la politesse de ces rois modernes d'un nouveau monde.
Rien ne se perd, tout est transformé, agissant à la vitesse de l'éclair ;
Supervision et protection du sol, de l'eau et de l'air,
Possibilités étonnantes bien au-delà de la production de nourriture,
Une collaboration pour protéger notre Terre, voilà le futur !

Sécheresse

Semaine après semaine, aucune goutte de pluie ;
Intense souffrance des cultures au champ jour et nuit.
Soleil de midi comme boule de feu incandescente ;
Chaque jour, la situation empire et devient menaçante,
Tel le four d'un potier s'étendant sur des lieues,
Le sol cuit montre une géométrie de carreaux.
Lutte à la vie et à la mort pour un peu d'eau,
Plantes déshydratées victimes d'un massacre odieux ;
Seules, quelques unes arriveront à subvenir,
Elles n'ont vraiment pas grand-chose pour tenir.
De jour en jour, les perspectives s'amenuisent,
La récolte sera bien loin d'être bonne, elle agonise.
Impuissance, désespoir et colère, voilà les sentiments
Face aux effets dévastateurs des cruels éléments !
Les yeux tournés vers le ciel, une prière,
Et d'un coup de pied rageur fait voler la poussière.

Le Verger

Géométrie d'arbres fruitiers alignés harmonieusement,
Fleurs de cerisiers comme une neige rose au printemps ;
Une palette de pastels ajoute une délicate touche d'élégance
Accentuée par le vol de papillons multicolores qui dansent,
Flottant dans un air au parfum subtil et enivrant,
Accompagné d'une symphonie d'abeilles butinant,
Ponctuant leur vol d'un vibrant bourdonnement soutenu.
Tel un champ de parasols filtrant une lumière diffuse,
Havre de paix confortable pour une faune diverse qui s'amuse.
Ici, un rouge-gorge extirpant du sol un ver charnu
Là, un lapin mâchouillant une plante bien succulente.
Un endroit paisible, une invitation au farniente ;
S'y faire un coussin improvisé d'une couverture,
Se reposer sous un pommier pour une bonne lecture.
Une après-midi superbe, source de calme et d'insouciance,
Refuge isolé du rythme effréné du monde,
Température douce comme un baume ou une renaissance,
La sieste apportera de doux rêves qui vagabondent.

Vendange

Sous le doux soleil d'une belle journée de fin d'été,
Le vigneron regarde avec un large sourire heureux ;
Les baies sont gorgées d'un jus délicieux,
Leurs peaux sont tendues, prêtes à éclater.
Joli temps idéal qui concentre sucres et pigments,
Attente pénible de quelques jours encore, pourvu qu'il ne pleuve.
C'est le prix pour une qualité supérieure et un chef d'œuvre ;
Les raisins sont superbes, le vin sera excellent !
Cette année, Bacchus et Fortuna sont bienveillants ;
La vendange a débuté sous les meilleurs auspices,
Les vendangeurs récoltent à un rythme précis et diligent.
Au fur et à mesure des rangs, la récolte est rentrée au cellier ;
Œnologie, sublime chimie, magie créant des délices,
Le résultat sera aussi doux qu'un baiser tendre et passionné !

Les Etourneaux

Nuage à géométrie variable et imprévisible
Comme un grand drap tombant subitement du ciel
Et rebondissant comme tiré par un fil invisible.
Etrange camaraderie aviaire de cette inquiétante kyrielle,
Pareille à un banc massif de poissons ; dans l'océan,
Cette scène y serait jouée par des harengs.
Voici les étourneaux et leur brouhaha étourdissant ;
Leur plumage, blousons noirs ornés de clous brillants,
Ces voyous ailés voyageant par centaines et par milliers,
Sans foi ni loi, seulement guidés par leur penchant pour les fruits sucrés,
Ne reculent devant rien pour se délecter de leur jus, à s'en gaver ;
Après leur passage, tout est décimé, juste quelque rares fruits isolés.

Lavande

Belle Provence, douce chaleur,
La lavande montre ses couleurs !
Etendues mauves si charmantes
Créent une atmosphère envoûtante ;
Belle impression de bonheur
Qui émerveille le promeneur,
Un fermier qui fait son labeur
Profite d'un peu de détente
    Belle Provence ;
Avant que vienne le parfumeur,
Une abeille perchée sur une fleur ;
Elle vient de la ruche distante
Dissimulée entre les plantes,
De là vient un miel des meilleurs,
    Belle Provence !

Terroir

Des millénaires de catastrophes naturelles répétées,
Géologie unique, érosion par les Eléments aidés
Par l'activité humaine intemporelle ont défini cette région.
Sol, climat et habitants ont donné à cet endroit son blason,
Son caractère unique et particulier qui le rend si spécial.
Il y contient tout les détails de la culture millénaire locale ;
Les produits d'ici tirent leur goût bien au delà
Des roches et du sol, c'est plus complexe que cela.
Un terroir est beaucoup plus que le village ou le vallon.
Les saisons, les plantes et animaux qu'il fallut domestiquer ;
Coutumes ancestrales et traditions venues du fond des générations,
Les techniques spécifiques du travail des terrains et des métiers,
Tous uniques et qui puisent leur expertise dans la connaissance,
Pour créer des produits qui reflètent ainsi leur singulière essence.
Un connaisseur sait apprécier les subtiles nuances du terroir
Qui est l'incarnation de son patrimoine et de sa mémoire.

Vers de Terre

PASTORALE

Vers de Terre

Reproduction

Matière devenant énergie,
Energie devenant matière.
Le cycle perpétue son mystère,
Engendrant la génération qui suit.
Sans semence, pas de plantes ;
Pas d'animal sans procréation,
Pas de lait ni d'œuf ni viande.
Sans reproduction,
Seulement famine et extinction,
Source de l'indispensable nourriture
Assurant la continuité des générations.
Germen, lien vivant unique de la Nature,
Ferment immortel de la biologie,
Moteur d'une fusion et pure magie ;
Concentré microscopique d'énergie,
Maillon liant l'Eternité et l'Aujourd'hui.

L'Abeille

Le soleil irradie une chaleur douce et agréable,
Les fleurs ouvrent leurs corolles et mettent la table.
Les parfums remplissent l'air, attirant de petits visiteurs,
La ruche a besoin de provisions et envoie ses humbles travailleurs ;
Le nectar est irrésistible et promet de donner un miel délicieux.
Tranquillement, l'abeille récolte le liquide qui perle si précieux,
Semblant indifférente à ses alentours, de fleur en fleur.
Règle de base, la réciprocité est de mise dans la Nature,
L'abeille ne s'en va pas sans retourner une faveur ;
Elle prend avec elle une cargaison de pollen mûr
Vers d'autres fleurs contribuant ainsi à leur reproduction,
Produisant fruits et graines à la base de l'alimentation.

Le Berger

Les petits agneaux tout blancs et adorables
Poursuivis par le chien dans une course ludique,
Parcourant le pré sous l'œil d'un berger affable !

Nés au printemps, lors d'une belle journée agréable,
Sur la colline, tout près de la cabane rustique ;
Les petits agneaux tout blancs et adorables !

L'un après l'autre, ils vont rejoindre leurs semblables
Rapidement, dotés d'une énergie tonique,
Parcourant le pré sous l'œil d'un berger affable !

Les villageois qui passent lancent des regards aimables
Au berger qui regarde en jouant de la musique ;
Les petits agneaux tout blancs et adorables

Apprenant la vie, ils jouent, infatigables ;
Les agneaux nous offrent un beau spectacle comique,
Parcourant le pré sous l'œil d'un berger affable !

Ils font de vives cabrioles improbables ;
Un grand merci pour ces scènes idylliques,
Les petits agneaux tout blancs et adorables,
Parcourant le pré sous l'œil d'un berger affable !

Une Nouvelle Vie

Dans le pré vallonné, une créature étrange
Dont sortent de l'arrière une tête et deux sabots ;
De loin, on dirait un monstre bicéphale.
Petit-à-petit, le veau nouveau-né apparaît,
Encore un peu, il s'extirpe et tombe dans l'herbe
Tout enveloppé d'une combinaison translucide.

La vache l'aide, et avale la membrane gluante ;
Immédiatement, le veau sait dans son cerveau tout neuf
Que pour vivre il doit livrer son premier combat.
Il a besoin de manger et d'abord se mettre debout ;
Les premiers pas sont maladroits et hésitants,
Tel un patient en rééducation et titubant.

Encore tremblant, ses pas deviennent plus assurés ;
Le jeune animal approche maintenant de sa mère,
Il frappe dans le pis, deux trois coups avec la tête.
L'instinct est là, il atteint la tétine et commence à boire :
Colostrum ! Le premier lait, bien plus qu'un aliment,
Une bolée d'anticorps pour le protéger et survivre.

En quelques minutes, la douce brise l'a séché ;
Lui qui ressemblait à un noyé dégoulinant
Se repose maintenant et regarde la prairie en toute sérénité.
Auprès de sa mère, il vient de débuter son parcours ;
Dès le départ, il a appris la première leçon de l'existence :
Apprendre vite et bien, voilà la clef de la survie !

Dans le Pré

Le printemps est là, première journée un peu chaude ;
L'herbe est épaisse, tendre et succulente, bien mieux que l'étable.
La prairie rayonne d'un beau vert intense d'émeraude
Et a la douceur d'une moquette neuve et confortable.
Rien n'est mieux qu'une belle promenade ;
Le temps est venu d'emmener les génisses au pré.
Elles ont attendu tout l'hiver pour cette balade,
Pour enfin aller jouer dans leur décor préféré
Empli de senteurs printanières ; l'air léger embaume.
Pareilles à des enfants, les génisses commencent à jouer,
Courent pour découvrir leur nouveau royaume ;
Elles semblent saoules de leur nouvelle liberté.
Le troupeau épars s'ébat, erratique et plein d'entrain,
Elles font la course, chargent et sautent dans un chaos apparent.
Tout cet exercice finit par donner grand faim
Dans ce pré qui est un buffet bien appétissant.
Le repas est si délicieux qu'elles s'en tendent la panse et la caillette ;
Mélange de ray-grass, fétuque délicate et pâturin coriace,
Luzerne moelleuse et trèfle crémeux, cette salade a de la classe !
Et les boutons d'or et fleurs multicolores forment une couette douillette.

A la Traite

Les dames sont allongées nonchalamment dans le pré,
Se reposant en attendant que le jour passe, sans souci.
La haie offre son ombre rafraîchissante en cette chaude après-midi ;
Elles savent que le moment de rentrer est bientôt arrivé.
Le garçon vient d'apparaître, poussant un sifflement strident ;
Elles connaissent le signal, il est temps de commencer la parade.
Il fait le tour du pré calmement, il n y a rien d'urgent ;
Rassemblant les vaches qui paissaient, sans saccade.
L'une après l'autre, elles se lèvent et avancent
En saisissant encore une bouchée de l'herbe toute proche
Et, obéissantes, se mettent en colonne avec nonchalance.
Elles se dirigent vers la ferme sans anicroche ;
Les pis se baguenaudent à chaque pas, tels de lourdes bonbonnes.
La première vache franchit maintenant le seuil, elles sont arrivées.
A l'intérieur, la radio joue un air bien familier ;
La traite peut commencer alors que le fermier chantonne.

Porcelets

Tels des crottes, ils sortent un à un à petite cadence
Derrière leur mère allongée dans une apparente indifférence.
Ils sont nombreux, comme les perles d'un collier brisé
Qui atterrissent sur la litière comme à peine déjà en vie ;
Maladroits et groggy, à l'allure de boxeurs sonnés
Cherchant maintenant leur chemin autour de la truie,
Massive et impressionnante, digne de l'Uluru[1] australien.
Pourtant, ils trouvent de nouvelles ressources, par instinct ;
La truie roulant sur le côté, expose une redingote
A deux rangées de tétines comme des boutons bien alignés.
Le buffet est prêt pour le repas des porcelets qui tremblotent ;
Cruellement, les tétines ne sont pas toutes de même qualité,
Celles au lait le plus riche seront la récompense des plus forts !
Les petits gorets se piétinent les uns les autres dans une mêlée erratique,
Les moins chanceux n'auront qu'à accepter leur statut inferieur.
Luttant, grognant et poussant des cris perçants, la tétée est chaotique ;
Escalader ses frères et sœurs n'est décidément pas aisé,
Et certaines tétines sont beaucoup trop hors de portée.
Ils ont tous maintenant trouvé leur repas et sont branchés ;
Encore un peu et le calme revient, finie l'agitation ;
Plus de cris assourdissants, juste le son de suçotements appliqués,
Jusqu'à ce que leurs ventres soient tendus comme la peau d'un thon.
Après un bon repas, un bon somme, voilà la première leçon !
Ils s'escaladent à nouveau comme lors de la collation,
Sous la lampe où il fait bon et chaud, ils se reposent,
S'entassant en désordre comme de belles saucisses roses.
Se tenant chaud, leurs petits yeux clos, les voilà endormis,
Leurs mâchoires faisant encore quelques lents mouvements
De succion satisfaits ; ils peuvent dormir sans souci,
Du moins, pour le moment.

---

[1] Aussi appelé Ayers Rock, est un monolithe géant situé dans le centre de l'Australie, et est considéré sacré par les aborigènes

Le Cochon

Bien souvent méprisé, parfois injurié, considéré impur ;
Quelle mauvaise réputation pour cette propre et intelligente créature.
Porc ! Tu es sale, tu es gros, tu es grossier, tu es frustre !
Simplement pour manger vite ou aimer les bains de boue ? C'est injuste !
La ressemblance avec les humains est pourtant frappante ;
Une biologie comparable et des natures bien ressemblantes.
Ne soyons pas si négatifs envers ce cousin lointain
Car souvent nous avons un comportement plutôt porcin.
Animal symbolique ancré dans nombre de traditions
Tout autour du monde, dans bien des régions.
Les caractères chinois pour le mot maison y incluent un cochon ;
Les rituels et les fêtes de la tuaille du porc sont des communions
Revenant chaque année nous unissant avec la Nature,
La promesse de victuailles pendant l'hiver et sa froidure.

Les Petites Chèvres

En marchant sur un chemin le long d'une pâture,
Un son familier interpelle le marcheur qui se promène.
Il regarde et s'approche de la clôture,
Bêlements joyeux d'une troupe de petites chèvres naines.
Elles accourent, c'est un ami qu'elles voient souvent ;
Peut-être a-t-il des gourmandises, elles lui montrent des cabrioles.
Le tableau de ces petits cabris sautillants est charmant,
Sabots sur les fils de fer pour paraitre plus grandes, il rigole.
Elles sont heureuses d'avoir une distraction,
Elles s'amassent pour se faire gâter et lui font la fête ;
Maintenant est un bon moment pour une conversation,
Il leur donne de petites tapes sur la tête
Puis des fleurs cueillies dans le fossé, quel régal !
Elles se poussent pour gagner le goûter offert tantôt ;
Le promeneur reprend sa balade matinale,
Les petites chèvres font des bonds de leur coté de l'enclos,
Elles trottinent à ses côtés mais il va trop loin,
Le passant ne va pas vraiment s'en aller ?
Le chemin continue mais le pré arrive à sa fin ;
Les petites chèvres regardent, déçues et frustrées.
Non, ce n'est pas possible ! Il faut qu'elles l'appellent
« Revien-iens ! Revien- iens ! » ou du moins c'est ce qu'il entend ;
Un dernier regard en arrière, souriant amusé vers la ribambelle,
Ces moments sont précieux, ils arrêtent le temps ;
Il n'y a plus ni soucis ni problèmes durant ces quelques instants,
Seulement une communion avec l'innocence qui vit au présent.

Balles de Tennis

Le bâtiment est vide, propre et rutilant,
Les poussins éclos hier vont arriver dans un instant.
Le fermier ouvre la grande porte pour leur nouvelle maison,
Le camion y livre sa fascinante cargaison.
Boules duveteuses jaunes se mouvant en toutes directions,
Leur jeu de jambes est agile et hilarant de précipitation ;
Un tableau vivant de milliers de balles de tennis aviaires
Qui roulent au hasard comme sur une pente imaginaire.
Ils explorent ce monde inconnu tout nouveau pour eux,
Chacun y cherche son endroit idéal, un petit coin heureux.
Au bout d'un moment, les balles s'arrêtent de circuler,
Elles ont trouvé leur bonheur sous les lampes allumées
Qui diffusent une douce chaleur apaisante,
Là où la nourriture est servie, réconfortante.
Une nouvelle vie commence, bientôt le duvet jaune va muer ;
Ainsi va la vie dans un poulailler !

Le Coq au Vin

Un coq paradait dans la basse-cour d'une ferme dans les brumes,
Il se pavanait dans son plus beau costume ;
Le fermier avait une petite faim,
Et aussi une bouteille de vin
Le coq se dit : « c'est sûr, je vais y laisser des plumes ! »

Le Tyee[2]

Lumière pâle d'un matin de fin d'été
Enveloppé dans une brume de duvet ;
Le petit bateau quitte la côte sauvage,
Sur une mer d'huile bienveillante pour l'équipage
A la recherche de l'endroit parfait, d'un coin idéal.
Pas d'urgence, il avance lentement cherchant son Graal
Vers le large de l'océan sombre ou l'on jette l'appât.
S'asseyant confortablement pour une attente qui durera ;
Plein de temps pour penser et répéter le combat à venir,
Le matin est frais, une boisson chaude pour s'entretenir.
Le vaisseau tangue doucement au gré du clapotis
Comme une horloge dans le matin endormi ;
Tic, sur la droite, tac, sur la gauche, fredonnent
Une à une les minutes qui s'égrènent, monotones.
Rien d'autre à faire que rêvasser à la fraîche ;
Soudain, la sonnette de la canne à pêche
Réveille les cerveaux des marins distraits.
Le poisson a mordu, tout va très vite après ;
La lutte avec le Chinook[3] a désormais commencé, il charge
A la vitesse d'une torpille, le saumon nage vers le large.
Relâche la bobine et laisse-le filer !
La tension du fil faiblit, il faut rembobiner
Le plus vite possible, mais sans casser la ligne.
Mets-toi debout et sois prêt à bouger, au feeling !
Et, sans réfléchir, à courir sur le rebord du bateau
Comme un funambule ignorant l'abysse sous l'eau ;
Tout pourrait aller mal lorsque le poisson
Bifurque abruptement et plonge vers le fond,
Il se bat simplement pour survivre à la confrontation.
La ligne ne doit jamais repasser sous l'embarcation
Rembobine, relâche, garde à tes doigts !

---

[2] La référence pour tous les pêcheurs de saumon sauvage du Pacifique Nord Est, un tyee est un saumon de 30 livres (13,6 kg)
[3] Autre nom donné au saumon royal, espèce de l'océan pacifique

Peu à peu le pécheur gagne du terrain à chaque fois ;
Rembobine et relâche encore et encore !
La bataille dure plus d'une demi-heure
Démontrant la force du poisson imposant,
Un Saumon Royal, un aristocrate de l'océan,
Un joyau de trente livres, une rare offrande,
Une créature mystique de légende,
Un « Tyee », mot Indigène qui veut dire Chef.

La Chasse

Un matin gelé encore assoupi et frissonnant,
Une toile d'araignée sur une clôture, telle un collier de diamants
Brillant dans le faible soleil qui monte à l'horizon ;
Le signal est donné, on peut s'élancer sur les sillons
Couverts du chaume de la récolte récente de froment
Qui craque sous les pas en ce jour si morne et engourdissant.
Un corbeau solitaire croasse une complainte lointaine ;
Il se passe peu, rien à faire que de regarder son haleine.
Au loin, le coup de feu d'un chasseur retentit aux oreilles,
La détonation surprend la nature, qui soudain s'éveille.
Une compagnie de perdrix passe en vol bas comme un escadron,
Alors qu'un lièvre se hâte pour trouver un autre gîte au plus prompt.
La matinée à moitié passée, le moment est idéal pour une pause,
Collation de charcuterie goûteuse et boisson chaude qui repose ;
Instants particuliers d'échanges et d'interaction,
Fixer quelque objectif avant de retourner à la maison ;
Le fusil posé au sol le temps de faire un bilan,
Un passage par ce petit bois est toujours payant.
La chasse reprend, tous sens en alerte et aiguisés ;
Ici, un pigeon, là un faisan qui s'envole de sous les fourrés.
Paradoxe que cette relation avec la Nature, souvent intrigante,
Ce sentiment d'être entre amis parmi animaux et plantes,
De connaître leurs noms, leurs silhouettes et leurs bruits,
Et d'avoir cet immense respect pour la vie
Alors qu'on en prend plusieurs de façon définitive,
Pour un repas spécial, et aussi une sensation primitive.
Rapport intense qu'il faut vivre, et difficile à expliquer
A ces orphelins involontaires de notre mère nourricière,
Déracinés et vivant dans un monde artificiel et binaire,
Pour qui chasser ne leur semble n'être rien d'autre que tuer.

Face-à-Face

Soirée estivale embaumée,
Le crépuscule est là ;
La tentation d'un délicieux dîner,
Le jardin offre du choix :
Pois, haricots, courgettes et tomates.
Voici Bambi et ses biches qui hument,
Qui veulent se régaler de mes légumes.
Face-à-face, ça va gicler, mes pirates !
Se sentant supérieur, le cerf s'immobilise sans manières,
Il mâchouille d'un air arrogant et fier
Tel un taureau faisant face au matador.
Ceci devient affaire d'honneur et de caractère ;
Ici, pas d'épée, mais un solide tuyau d'arrosage comme rapière
Juste pour régler ce petit désaccord.

La Tisonnerie

Oasis paisible à l'orée du village de la région angevine
Défiant le temps depuis ses humbles origines ;
Vieille étable, adossée à un antique four à pain
Aux voûtes de petites tuiles régulièrement alignées avec soin.
Cinq siècles d'histoire et de construction, patiemment ;
Ici, une grange, là une ancienne porcherie et un vieux poulailler
Du temps où les animaux flânaient autour des bâtiments ;
Plus tard vint la maison, et abritant la grande presse, le cellier.
Jadis ferme, auberge puis demeure, au long passé ;
Belles bâtisses dans le plus pur style angevin,
Anjou si cher à du Bellay, poète de la Pléiade[4], période faste.
Pierres de tuffeau[5] couleur de crème, ardoise délicate pour contraste ;
Issus du sol, de deux ères géologiques, une aubaine pour les vins.
Ici, la vie coule au rythme de la Loire désinvolte
Qui parfois, somnambule, quitte son lit pour s'égarer,
Laissant ses alluvions pour d'abondantes prochaines récoltes.
Un petit jardin pittoresque, un ancien verger
Où poussent cerises, abricots, pêches, pommes et poires ;
Plates-bandes de légumes longées de rosiers aux couleurs divines
Qui mènent à un puits en pierres, profond et noir,
Où s'amoncelle l'eau froide d'une source du haut de la colline.
Jardin d'abondance botanique de plantes naturelles et variées,
Peuplé de joyeux rouges-gorges, de merles et de mésanges
Qui produisent une cacophonie de gazouillements enjoués,
Et gardent toujours un œil sur le chat rodant près de la grange.
Une mère hirondelle vole en piqué sur le félin
Qui se tapit dans les buissons de fleurs, toujours aussi malin ;
Ainsi passent tranquillement les jours à la Tisonnerie
Dans une agréable douceur et un bonheur sans souci.

---

[4] Groupe de poètes français de la période Renaissance, au 16e siècle
[5] Pierre calcaire typique de la Vallée de la Loire

Tons d'Automne

Chaque jour un peu plus, la lumière s'atténue ;
La brise se fait plus fraîche, les jours s'amenuisent.
Le changement est là, presque saugrenu ;
L'exubérance estivale arrive à sa fin et se tamise.
Le meilleur est désormais passé, long soupir ;
Le temps est venu de vivre au jour le jour,
La période de florissante profusion peu à peu va mourir.
Tout se ralentit, les sons deviennent plus sourds,
Les arbres montrent des signes qui ne trompent pas, malheureusement.
Les feuilles jusqu'alors irrésistiblement lisses et fermes
Se rident, se dessèchent et pendent mollement ;
Cela leur donne un charme nouveau, un autre épiderme.
Il leur faut se vêtir de couleurs différentes, d'un nouvel abord ;
La saison qui arrive met à jour de superbes joyaux chamarrés,
Des nuances d'un vert émeraude têtu, d'opale, de rubis et d'or
Qui célèbrent l'avènement d'une nouvelle beauté.
Avant que la Nature ne s'endorme avec l'hiver en embuscade,
Apprécions ces merveilleux moments tant que nous le pouvons,
Le plaisir d'être ensemble le temps d'une promenade
Qui procure à l'âme un réconfort heureux tant que nous vivons.

Long Sommeil

L'appel d'un corbeau déchire le silence et sa torpeur
Dans le brouillard enveloppant des champs endormis.
L'air humide fait frissonner le promeneur ;
Au loin, des fantômes d'arbres dénudés, démis
De leurs belles parures emportées par une bise sans pitié.
Une année pleine d'énergie vitale s'est lentement achevée ;
Toutes les créatures ont bien mérité un repos revigorant.
Des mois durant, la vie était à son apogée, exultant ;
Les plantes deviennent dormantes, les animaux trouvent un abri,
Les plus fortunés hiberneront bien cachés, immobiles
Pour passer la saison en sécurité, seulement amaigris.
La Nature étend une blanche couverture tranquille ;
Il est temps d'aller dormir et d'attendre enfin
Le réveil qui viendra au printemps prochain.

Vers de Terre

HUMAIN

Vers de Terre

L'Eveil

Yeux grand ouverts, l'enfant regarde émerveillé ;
Ce qui l'attend n'est pas banal,
Un voisin s'apprête à moissonner son blé.
Aujourd'hui, tout va être très spécial ;
Le garçon saute dans la cabine de la moissonneuse-batteuse.
Assourdissant vrombissement du moteur de l'engin,
La traversée du champ s'annonce plutôt cahoteuse
De vibrations qui rendent l'instant surréaliste et divin,
Et ce n'est encore rien, cela va valoir la peine !
Rapidement, on emmène la récolte au silo ;
En deux pas, le gamin a sauté dans la benne
Et prend une douche de grains qui tombe du large tuyau.
Moitié piscine à boules, l'instant est pur bonheur ;
Moitié sables mouvants, il se jette dans le blé et s'y couche ;
Couvert de poussière, ressemblant à un petit ramoneur,
Cette journée magique se termine sous une vraie douche.
Maintenant propre et épuisé par l'excitation,
Son sommeil est peuplé d'images et d'odeurs.
Son nouveau rapport à la terre est une grande révélation
Qu'il emmène avec lui dans la ville qui semble faite de fadeur ;
Sa passion est née et pour toujours la flamme brûlera,
C'est certain, il sait qu'un jour il reviendra !

Camaraderie

Les yeux fixés sur l'horizon, les visages fermés,
Il n'y a pas une seconde à perdre, le temps est en train de changer.
Nuages sombres qui s'accumulent dans la moiteur du crépuscule,
La récolte passe avant tout, le diner attendra, tout se bouscule.
Le blé est mûr, il faut aller au champ immédiatement !
La pluie menace, pas d'hésitation, changement de plans,
L'équipe s'habille et se hâte d'un pas pressé, taciturne.
Les machines partent pour une tournée nocturne ;
Les moissonneuses travailleront à la lumière des phares
Tels les yeux de prédateurs féroces rôdant dans la nuit, blafards.
Le spectacle est irréel, la meute sauvage semble dévorer la Terre ;
Le rythme est efficace et précis, le fermier sait ce qu'il faut faire,
Avançant rapidement dans le champ avec une précision chirurgicale,
La récolte est sauvée et le grain rentré, c'est le principal.
Bravo ! Mission accomplie ! Il ne fallait pas perdre une seconde ;
If fait nuit, mais l'aube est proche et les estomacs grondent.
La table est mise, recouverte de victuailles, ils ont faim ;
Les visages sourient, le groupe est remonté d'un nouvel entrain.
Les mains puissantes rompent le pain, les fourchettes piquent la viande.
Lorsque l'aube à nouveau pointe, repus de cette provende,
Ils n'auront qu'un court somme, une heure ou deux, tout au mieux ;
A la ferme, il n'y a nul repos ni répit face aux éléments capricieux.

Les Doigts Noueux

Des doigts noueux comme de vieux ceps de vigne,
Une peau matte burinée par le vent, tannée et digne ;
Sous son chapeau mou, deux yeux couleur saphir perçants
Lui donnent un regard orgueilleux et séduisant.
Il est fils de la Terre, les pieds enracinés bien profond,
Il cherche des yeux un signal, essaye de comprendre les sons
Et les messages dissimulés dans le chant des oiseaux ;
Symbiose entre l'homme et son terroir, l'un à l'autre loyaux.
Il pressent un changement, respire profondément, sans être sûr,
Prend quelques grains dans sa bouche pour goûter s'ils sont mûrs,
Se penche pour palper la faible chaleur du sol desséché.
Maintenant il a compris, il attend le test avec sérénité.
Fier, bien campé sur ses jambes, respirant la brise tiède,
Il est prêt pour le duel qui s'annonce inégal et sans aide.
Plein d'une détermination noble, sa faucille à la main,
Arme piètre face à la sinistre faux de son adversaire inhumain.
Il a vécu une longue vie pleine et honnête de travail exigeant,
Son destin est inscrit dans ces sillons qu'il a tracés patiemment.
La Mort qu'il n'appréhende plus lui apportera un repos mérité,
Sans souci ni chagrin ni regret, et pour l'éternité.

Titan, le Fermier

Un héros digne d`Hercule au service de Déméter[6],
Affrontant depuis dix mille ans de puissants adversaires
Qui manient habilement Gaia[7] et ses éléments.
Avec son travail assidu, ardu et toujours persévérant,
Il effectue des travaux, qui sont bien plus d'une douzaine.
Les défis sont nombreux, la Nature insolente est reine,
Lançant des plaies comme en Egypte à l'orgueilleux pharaon,
Causant un désespoir qu'il ressent dans sa moelle, au plus profond ;
Et parfois, fléaux encore pires venant des marchés et des banquiers,
Incarnations de l'Hydre aux têtes ne cessant de se multiplier.
Être fermier n'est pas pour les faibles, ni de tout repos ;
Pour réussir, pas de recette miracle, il faut avoir dans la peau
Juste une foi inébranlable, du courage et surtout du travail,
Pour accomplir cette mission de quatre saisons, vaille qui vaille.
Cette force, il la puise dans la source de ce qu'il a de plus précieux,
Dans le regard innocent de ses enfants aux yeux radieux.

---

[6] Déesse de l'agriculture dans la Grèce antique
[7] Dans la mythologie grecque, Gaia est la personnification de la Terre et la mère de toute vie

La Fermière

Toujours présente dans tous les combats et batailles,
Tout autour de la ferme, tant à faire chaque jour ;
Discrète et efficace, mais parfois prise de court,
De nombreuses corvées s'ajoutant au travail.

Ici, s'occupant des veaux et là, des volailles,
Tenant maison et comptes, elle est d'un grand secours ;
Le fermier a besoin d'aide, voilà elle accourt
A tout moment, toute tâche, que jamais elle ne faille.

Chaque jour apporte un lot de surprises changeant ;
Pilier trop souvent ignoré injustement,
La femme du fermier a plus d'un rôle à jouer.

Peu importe les hauts et les bas, elle dit « présent ! »
Une force tranquille, pour son mari, calmement
D'un doux sourire, lui donne la force de continuer.

Le Gourmet

Odeur délicieuse qui attire l'attention et titille le nez,
Attiré par l'irrésistible tentation de visiter la cuisine,
Le gourmet est tel un amoureux des arts errant dans un musée.
La bonne chère est comme le tableau d'un impressionniste ;
De petites touches, chacune sans trop d'intérêt car orpheline,
Mais qui deviennent un chef d'œuvre par la main de l'artiste.
Composition assemblée avec talent et harmonie,
Telles les notes de musique qui deviennent mélodie,
La nourriture n'est pas que physique, mais sensuelle et émotion.
Le son des sauces qui frémissent qui fait déjà saliver,
L'apparence d'un plat qui cause excitation et volupté,
Pour deviner les goûts et les divines sensations
D'une fusion de saveurs qui passent sur les papilles
Et envahissent le palais, puis bientôt enchantent le nez.
La bouche où se produisent des miracles est un temple sacré
Que l'accord parfait d'un vin amplifie et habille ;
Une synergie menant l'esprit au firmament pour récompense ;
Pour le gourmet, une cuisine raffinée est plaisir chargé d'élégance.

Le Gourmand

Deux yeux surmontés de cheveux bouclés apparaissent,
Surgissant au-dessus de la table pour saisir le précieux trophée.
Une petite main s'étire pour essayer d'attraper
Sur le fourneau la poignée d'une casserole épaisse ;
L'effort est bientôt délicieusement récompensé.
Ce coffre au trésor magique sera rapidement pillé ;
Les petits doigts agiles raclent rapidement les restes
D'une délicieuse crème au chocolat d'un geste leste,
En essuyant toute trace de cette douce pâte brune,
Les côtés et les bords sont vite léchés et bien nettoyés.
Quel péché si c'était perdu, il y en a pour une petite fortune !
Les enfants peuvent être salissants et aiment se barbouiller
De chocolat plein la figure tout en pouffant de rire.
C'est l'âge heureux dont voilà un des grands plaisirs ;
Même une fois grand, vouloir résister à la tentation
Est pour un gourmand une inconcevable aberration.

Le Glouton

Le désir de manger devenu dépendance,
Un besoin incontrôlable qu'il faut assouvir
Sans se rendre compte des dégâts à venir ;
Voilà la quête d'une impossible jouissance.
Au contraire de la sensualité que recherche le gourmet
Et le plaisir qu'il reçoit d'une poussée de sérotonine,
Le glouton, lui, toujours préfère les excès
Qui lui procurent sa dose d'endorphines ;
Un plaisir sans point culminant, purement physique,
Plus un soulagement temporaire qu'une réelle béatitude,
Une satisfaction furtive et vide, purement mécanique ;
Au fond, un rapport à la nourriture d'une grande solitude.

Le Chef

Maitre de son art
Passion au fond de son cœur
Ecrit sur sa carte

Talent merveilleux
Peu importe les ingrédients
Toujours excellent

Chaud ou froid devant
La cuiller magique du Chef
Prêt en un instant

Le Sommelier

Une attitude élégante de majordome de la Vieille Albion,
Livrée distinguée arborant un taste-vin pour décoration,
Accueil d'un sourire amical, il est votre hôte ce soir.
De chaque vins et mets, il vous narrera l'histoire ;
Votre guide culinaire embarquant pour une aventure,
Alchimiste combinant liquides et solides en plaisir pur.
Découverte des vignobles et leurs légendes, mystères et mythes,
Il est le barde des vignerons, contant anecdotes imagées et insolites.
En un éclair discret et efficace, il débouche les bouteilles
D'un son presque inaudible et jamais vulgaire, sans pareil.
Ses yeux perçants explorent les délicates nuances subtiles ;
Utilisant tous ses sens de manière particulièrement habile,
Son nez aguerri dissèque les arômes complexes du bouquet,
Il mâche le nectar des Dieux à la recherche de leurs secrets.
Déroulant le vin sur sa langue comme un long baiser
Produisant une gamme de sons d'une intense félicité,
Bien plus que du vin, il vous offre du rêve et une quête,
Vous faisant devenir membre d'une confrérie bachique secrète.

Joe[8]

La mer se figea, les poissons s'arrêtèrent de nager ;
Immobiles et si tristes, ils voulaient pleurer.
Et sur l'onde calme, brillant très fortement
Ils virent une nouvelle étoile apparue au firmament ;
Cet homme bon, de si belles qualités,
Un jour froid d'hiver les a discrètement quittés.
Il savait toujours où trouver des épicuriens
Qui paieraient volontiers un prix propice
A justifier le coût de leur ultime sacrifice.
Il n'est plus là, et les poissons se sentent orphelins.
Désormais, le Paradis sera un peu plus radieux
Vous les Elus, ouvrez bien grand vos yeux !
Il habillera les anges avec style et bon ton,
Et sur vos tables, vous servira les plus fins poissons !

---

[8] M. Joseph Charles Collins (1954-2020), *In Memoriam*
Pour comprendre la fin du poème, il faut savoir qu'avant de travailler dans les fruits de mer, Joe travaillait dans la mode de haut de gamme

Le « Philanthrope »

Il était une fois un milliardaire qui connaissait sa grande influence ;
Il pensa : « Dénigrons la viande, les vaches et leur abondante flatulence
        Les gens me croient compétent,
            Ils m'écoutent tout le temps
L'argent n'a pas d'odeur, cette campagne gonflera bien mes finances ! »

Les Snobs

Les snobs ne mangent pas comme tout le monde,
Ils achètent leur nourriture chez quelque producteur excellent ;
Après tout, il s'agit d'être différent et d'avoir l'air important.
Aussi, la nourriture a meilleur goût quand elle a un nom compliqué ;
Mais oui, c'est vraiment bien différent, il n'y a qu'à goûter !
Si c'est plus cher, il y a forcément une bonne raison !
C'est normal de faire payer plus à des niais de toute façon.

Les snobs ne boivent pas comme tout le monde ;
Leurs papilles sont supérieures ; enfin, ils le pensent du moins.
Ce sont des connaisseurs qui savent goûter les bons vins
Mais seulement d'un vignoble appartenant à quelque célébrité.
Mais oui, c'est vraiment bien différent, il n'y a qu'à goûter !
Le vin ne peut pas n'avoir goût que de raisins, c'est trop commun ;
Il faut qu'il y ait une douzaine d'autres nuances, pour le moins.

Les snobs ne vivent pas comme tout le monde ;
Leurs vies seraient intenables sans cette dose de vanité,
Oh ! L'horreur, rien que de penser à la simplicité !
Ne sommes-nous pas de temps à autre tous un peu snobs et chics,
N'hésitant pas à se joindre à ces sympathiques excentriques,
Comme ceux qui passent une partie de leur temps et friment
En écrivant sur la bonne chère en vers qui riment ?

Vers de Terre

COMESTIBLES

Le Marché

Le matin à l'aube, tout est tranquille dans la commune ;
Un à un, les marchands arrivent et installent le marché.
Ici, une pyramide de Gizeh faite de fruits et légumes empilés,
Là, des fromages odorants rangés comme en une tribune.
Viandes disposées avec goût par un boucher jovial et fredonnant,
Un mur formé de rangées de broches où cuisent poulets et rôtis,
L'odeur dorée et enchanteresse des pains frais et des pâtisseries,
Une plage de fruits de mer couvrant un étal aussi vaste que l'océan.

Le décor est planté, les gens arrivent, le marché prend vie ;
Ils connaissent tous les visages familiers des habitués
Et ont tous de nouveaux potins croustillants à raconter.
La place tranquille devient une ruche qui bourdonne de bruits ;
Les conversations inaudibles se perdent dans cette cacophonie,
Papoter c'est bien, mais il faut aussi faire ses emplettes
Et dénicher au plus vite les bonnes affaires que les autres guettent ;
Plus de temps à perdre, il faut en avoir fait le tour avant midi !

Le marché est un carrefour social, économique et écologique,
Un lieu de rencontre, une société miniature en effervescence
Où vendeurs et acheteurs cherchent des transactions en confiance,
Funambules sans cesse rééquilibrant un écosystème dynamique.

La Cuisine

Un temple discret règne dans chaque demeure ;
Souvent modeste, pourtant si essentiel, il en est le cœur.
Des effluves tentants qui font saliver comme par magie
Se mélangent merveilleusement dans tout le logis.
Un verre de vin parfumé versé dans la poêle ajoute au fumet,
Se combine aux herbes fraiches, aux aromates et à de l'ail frais.
On se sent transporté vers de lointaines contrées,
Peut-être en villégiature au bord de la Méditerranée.
Eh bien non ! Cette rêverie se passe ici à la maison
Où les estomacs affamés grognent à l'unisson.
Peut importe que l'on soit carnivore ou végétarien,
Les saveurs seront alléchantes à tout épicurien.
Cuisiner est une offrande que l'on savoure,
Une bénédiction, et avant tout un acte d'amour,
Apportant des moments de gaîté heureuse et collective
Autour de la table du dîner où sont réunis les convives.

Le Restaurant

Tous les instruments sont là, prêts à jouer ;
Bientôt viendra la musique, il faut faire place nette.
Le début est puissant, la symphonie a commencé
Sous la direction du Chef et de sa baguette.
Dans cette cuisine, il vaut mieux avoir une fine ouïe ;
Au fil des notes d'une sérénade, on mélange les ingrédients,
L'ensemble désordonné se meut en une plaisante harmonie.
Tel un staccato, un couteau aiguisé hache vivement
Carottes, oignons, tomates et autres légumes à gogo.
La première partie s'achève, le rythme peut ralentir
Apportant ainsi le calme bienvenu d'un adagio ;
L'orchestre se tait, le soliste va pouvoir nous éblouir !
L'atmosphère est légère et joyeuse comme un scherzo
Sur les étagères, les plats s'alignent tels des ballerines,
Le ballet s'active et l'assemblage suit un bon tempo.
Ce sera prêt bientôt, ils connaissent la routine.
Les serveurs vont et viennent en pas de deux,
Leur tenue est impeccable et au cordeau ;
Il faut accélérer et servir, les clients sont nombreux.
Le rythme dans la cuisine va crescendo,
Le rondo est maintenant andante, et même allegro !
Comme final, la carte des desserts est apportée,
Murmures de satisfaction, compliments et bravos,
Pourboires généreux laissés sur les plateaux argentés
Pour les virtuoses et leur prodigieuse interprétation
De cette remarquable union entre nutrition et émotion.

L'Ingrédient Secret

Mêmes ingrédients de même qualité,
Deux cuisiniers vont se mesurer.
Une recette simple à faire chez soi ;
L'un préparera un repas digne d'un roi,
L'autre, une pâtée indigne même d'un chien.
L'un d'eux a un secret mais n'est pas magicien ;
Leurs cuisines sont similaires au premier abord,
Celle du second peut-être plus chic encore.
Le premier cuisinier a un étonnant secret
Qui s'épanouit puissamment bien que discret,
Un produit qu'on ne trouve pas au marché
Mais qui remplit une personne de fierté.
Cuisiner n'est autre qu'un miroir de l'âme qui ne ment ;
Une forme de communication au-delà des aliments
Pour faire plaisir aux êtres qui nous sont chers.
L'esprit du cuisinier s'exprime dans les mets qu'il sert ;
L'indifférence ne donne qu'un repas terne et bâclé
Et autour de la table, des invités qui mâchonnent en silence.
Il manque une bonne dose d'amour, là est la différence,
L'ingrédient si particulier qui est la promesse d'amis comblés.

Glucides

Energie pure, donne du ressort,
Glucides rapides qui édulcorent,
Glucides lents comme dans le blé,
Les pommes de terre et leur purée.
Bien pour l'effort dans la durée,
Les pâtes que tout le monde adore,
Le bon pain et tous les trésors
Que l'on trouve chez le boulanger.
        Energie pure !
Un groupe trop souvent critiqué,
Modération est le mot-clé.
Les glucides, c'est bien plus encore,
La fibre fait du bien à ton corps ;
Mange des repas équilibrés !
        Energie pure !

Lipides

Groupe de nutriments d'injuste réputation
Aux rôles apparemment banals si nécessaires,
Matériaux de base des membranes cellulaires
Et hormones stéroïdes pour la reproduction,

Acides gras essentiels remplissant moult fonctions,
Stock de calories pour les périodes de misère,
Lait riche pour la survie des jeunes mammifères,
Primordiaux pour une saine alimentation.

Arômes, ces molécules du goût, liposolubles ;
Quand elles sont absentes, les mets ne sont pas sapides.
Comme la nourriture serait triste sans les lipides !

Bien qu'au cœur de si nombreux plaisirs de la table,
Qualité, modération, sont déterminants ;
Lipides, dire que vous êtes gras est un compliment !

Protéines

O protéines dans mon assiette,
Nécessaires chaque jour c'est un fait !
Des haricots et petits pois
Ou d'un animal quel qu'il soit,
D'origine discutée parfois,
Un débat pas toujours très net,
Font de la vie une petite fête !
    O protéines,
Si bonnes pour le corps et la tête ;
Quand il faut se mettre à la diète,
Pour être en forme, gérer son poids,
Pleins de régimes, il y a le choix
Pour une nutrition complète,
    O protéines !

Levain

Héritage millénaire venu du Croissant Fertile,
Accident heureux transformé en recette facile.
Simple aliment universel issu d'une époque agreste,
Un délice tout simplement sublime, nourrissant et digeste.
Grains écrasés et moulus en une farine parfumée,
Un peu de sel, de levure et la magie de l'eau mélangés,
Le prodige se transforme en une souple pâte élastique.
Laisse-la reposer et vois gonfler cette boule magnifique !
Quatre ingrédients tout simples et rien de plus,
Un peu de temps pour avoir le résultat attendu.
La patience du boulanger qui pétrit sans répit
Plusieurs heures avant de la glisser dans le fournil ;
Inoubliable et appétissante odeur que celle du pain,
Réconfort d'une douceur quasi-maternelle apaisant la faim ;
Croûte dorée, véritable miracle de l'alchimie du boulanger,
Une fois rompue libère les trésors délicieux d'une mie raffinée.

Gluten

Protéine paria
Architecte du bon pain
Gluten, mon ami

Fermentation

Les raisins sont pressés, le moût est prêt,
Bientôt la magie va pouvoir s'opérer.
Un peu de patience, les choses vont se troubler ;
Lentement, d'abord apparaît un film discret,
Juste quelques taches informes, flottantes sur le liquide.
Soudain, pareille à une éruption, la levure se multiplie ;
Le jus est sucré, elles peuvent s'amuser à l'infini.
Plein de nutriments, le repas est copieux et rapide,
La fête bat son plein, elles se gavent de cette sucrerie.
Elles se reproduisent, la cuve est pleine de l'écume
Jaunâtre d'une effervescence visqueuse d'un beau volume.
Les bulles de gaz prolifèrent dans cette frénésie
Qui fait monter la température, le moût est fiévreux.
Chaque jour, le vigneron surveille la fermentation,
Le taux d'alcool monte, quelle étonnante transformation !
Les levures ralentissent, le carburant devient défectueux,
Il ne reste que quelques ilots épars de cette boue
Mousseuse qui se dissipe, bientôt il n'y a plus de flou ;
Dévoilant peu à peu une promesse cristalline d'un joyau
Désormais devenu vin, il a bien mérité un bon repos.

Dégustation

Une bonne compagnie vient à la maison,
Cela promet une soirée bien gaie.
Le vin nouveau aujourd'hui nous goûtons !

Du travail ardu sur plusieurs saisons
Et de longs mois de repos dans les chais,
Une bonne compagnie vient à la maison

Cultiver des vignes dans cette région,
Surveiller chaque jour le temps qu'il fait,
Le vin nouveau aujourd'hui nous goûtons !

Le meilleur que produisent nos vignerons,
Des joyaux comme Pinots et Chardonnays,
Une bonne compagnie vient à la maison

Un grand plateau de fromages à foison,
Allez-y servez-vous comme il vous plait !
Le vin nouveau aujourd'hui nous goûtons !

Le blanc, frais, minéral et d'un beau blond,
Le rouge velouté au savant bouquet ;
Une bonne compagnie vient à la maison,
Le vin nouveau aujourd'hui nous goûtons !

La Table

Les invités passent à table, quelque chose sent bon !
La demeure embaume des odeurs de la cuisine,
Tout le monde est d'humeur joyeuse et badine.
Les conversations vont bon train autour d'une boisson,
Un apéritif pour activer l'estomac et se relaxer
Et donne au cuisinier le temps d'une touche finale d'élégance.
En bonne compagnie, il n'y a jamais d'impatience.
Des hochements de têtes approbatifs accueillent les entrées,
La présentation superbe et prometteuse fait sensation.
Le plat passe autour de la table, chacun se sert petit à petit
Et souhaite d'un accent gourmand aux invités un bon appétit !
Sans autre mot, ils expriment leur approbation,
On n'entend que le son des mâchoires qui s'activent ravies,
Les papilles inspectent chaque bouchée consciencieusement,
Avec discernement, de façon naturelle et sincèrement.
Au fur et à mesure des plats, ils font part de leurs avis,
Echangent des remarques comparant leurs sensations.
Les voix se gonflent d'enthousiasme et d'exubérance,
Racontent d'anciens souvenirs, anecdotes et expériences.
Ils aiment la bonne chère et apprécient leurs compagnons,
Belle complicité entre amis, les mets et les vins qui unissent la tablée.
Tout ce qui compte est cette communion qui crée l'instant,
Le plaisir des sens et ce sentiment d'unité partagé.
Le temps n'a pas d'importance, qu'est-ce qui en a vraiment ?
Au-delà de la nourriture, le repas montre sa fonction véritable,
Son rôle social qui rend la vie bien plus agréable !

Le Homard

Au restaurant, un jeune homard dans son aquarium, un peu rêveur,
Voulait savoir ce qu'est le bonheur ;
Il fut pris de désir
Et se sentit rougir ;
Une fois fini, il se dit : « Ca a été comme dans du beurre ! »

Le Rôti

Un mets simple, mais aussi un mets pour les rois,
Un régal qui ravit toute bonne compagnie enjouée,
Une grande occasion et toujours une joie.
Qu'on rôtisse un animal entier pour une assemblée
Ou un petit morceau pour un diner en tête-à-tête,
Ce délice apporte aux invités un heureux réconfort.
Un rôti est toujours un succès, une fête,
Vague souvenir de nos origines, meute carnivore
Réunie dans la caverne après une chasse opulente,
Savourant un rare moment d'abondance, alors.
Odeur alléchante de la viande qui rôtit et dore,
Anticipation de sa croûte sucrée et croustillante,
Certains préfèrent le centre moelleux et juteux,
D'autres le bout plus sec, chacun y trouve ce qu'il veut.
C'est un plaisir qui rend un dimanche parfait,
Un rôti mérite également gratitude et respect.

La Sauce

Malgré ses qualités naturelles et sa beauté,
La nourriture peut toujours être améliorée.
Il suffit d'un peu d'imagination et de dextérité
Pour l'ajout d'une couche furtive de parure culinaire,
Ce qui est fait en quelques mouvements circulaires.
Juste un peu, une petite louche, une cuillère
D'ingrédients simples, beurre, farine ou bouillon,
La mixture peut être mousseuse ou lisse comme un sabayon.
Incorporez les jus caramélisés, goûtez-en un échantillon !
Attendez que sur le feu lentement la sauce réduise,
Enfin, un peu de vin ou de crème pour qu'elle vous séduise.
Merveilleuses béchamel, ravigote ou encore Soubise !
Une sauce est si facile et rapide à préparer ;
En un éclair, le mets le plus simple devient raffiné.
Ce qu'il faut c'est de n'en pas trop abuser,
Pour apporter une touche de classe, elle est nécessaire.
Comme pour tout maquillage, l'excès est vulgaire
Et en quantité insuffisante ne présente aucun caractère.

L'Œuf

Silhouette d'un vaisseau intergalactique, l'impression
De la courbure parfaite qui résiste à de formidables pressions ;
Toute l'énergie que la vie peut y emmagasiner,
D'une cellule unique, un oiseau complet en éclora.
Sans coq, inutile de couver, rien ne se produira.

Concentration d'éléments les plus nutritifs, véritable super-aliment,
L'un des préférés du monde animal depuis l'aube des temps.
Malgré sa simplicité, il reste un sphinx plein d'énigmes
Sort-elle par le petit ou le gros bout, cette boule ?
Et lequel apparut-il en premier, l'œuf ou la poule ?

Lait

O gentille vache, tiens-toi sage bientôt !
Ne donne pas de coup de patte dans le seau,
Et ne fouette pas l'air de ta queue agitée !
Ce sera bientôt fini, encore quelques giclées.
Quoi de meilleur que du lait frais dans une tasse,
Couvert d'une suave couche de crème à la surface ?
Une boisson aussi douce que de la soie,
Un plein verre de simplicité et saine joie.
La texture incomparable du beurre véritable
Sur une tranche de pain frais est délectable.
Pour ces plaisirs simples, ici et maintenant,
O gentille vache, je te suis bien reconnaissant.

Plateau de Fromages

Voila une belle sélection sur le plateau !
Peu importe lesquels, ne soyons pas sectaire.
Du fromage et tout le monde sourit aussitôt !

Chaque région a les siens, il n'y en a jamais trop ;
De vache, chèvre ou brebis, il faut du caractère,
Voila une belle sélection sur le plateau !

Avec un Beaujolais de derrière les fagots,
Un Brie bien à point ou un robuste Munster,
Du fromage et tout le monde sourit aussitôt !

Les vins blancs s'accordent bien, il y a de vrais joyaux
Surprenant avec Roquefort ou Camembert,
Voila une belle sélection sur le plateau !

Délicieux en fondue ou en soufflé bien chaud,
Les infinies possibilités du Gruyère,
Du fromage et tout le monde sourit aussitôt !

Un régal pour les gourmets, ce n'est pas nouveau ;
Il a toujours sa place au moment du dessert,
Voila une belle sélection sur le plateau
Du fromage et tout le monde sourit aussitôt !

Moisissure

Dans l'armoire, il y avait un fromage qui s'ennuyait à mourir,
Il rêvait d'une cuisine où il pourrait au moins servir
- « On s'inquiète sur ton sort,
Tu as l'air d'un Roquefort ! »
- « C'est bien possible car j'ai vraiment l'impression de moisir »

Fragaria[9]

Dissimulé au fond du jardin, un petit carré
Rempli de couronnes de feuilles dentées
Bien alignées en rangées, frémissant au zéphyr ;
Etendant ses stolons, la plante s'éveille et s'étire.
Bouquets de discrètes fleurs à la pure blancheur,
Promesse d'un printemps au délice enchanteur,
Cônes écarlates au goût paradisiaque grossis sous l'azur,
Lorsque cueillis au moment propice, parfaitement mûrs,
Invitation irrésistible, c'est de l'extase en bouche,
Goût à nul autre pareil, un pur régal per petites touches.
Fragraria, élégant mot latin qui évoque le bonheur ;
Merveilleuse fraise, à ton nom tu fais grand honneur !

---

[9] Fraise, en latin

Chokorēto[10]
(Chocolat)

チョコレート

Fève des tropiques
Au lait, blanc, noir, amer, doux
Long plaisirs uniques

---

[10] Ceci est la phonétique pour chocolat en japonais

Nougat

Recette plus que millénaire venue du fond des temps,
Fleurs pourpres de lavande, les abeilles vont butinant ;
Rangs habillant un discret vallon au cœur de la campagne
Où résonne le chant d'une cigale en quête d'une compagne,
Miel d'un jaune ambré scintillant comme un or irisé,
Amandes et pistaches goûteuses soigneusement grillées,
Mélange savant et subtil, issu d'une longue tradition.
Secret passé jalousement de génération en génération,
Ferme les yeux et prend une bouchée !
Tu es au paradis, laisse ton esprit s'égarer
Dans une sensation de vacances en Provence
Et savoure longuement ce moment de tendre indolence !

DESTINATIONS

Vers de Terre

Elégance

Pays fortuné, caressé d'une multitude de microclimats,
A chaque région sa spécialité pour enchanter les palais ;
Une terre fertile enfantant d'innombrables recettes,
Et de sauces, délicats accessoires sublimant chaque mets.

Bonne chère exprimant son patrimoine naturel,
Mosaïque de terroirs et de vins exceptionnels,
Plus de fromages que de jours dans toute une année,
Variété de plats à l'infini, de la magie servie au dîner.

Cuisine française, exercice d'équilibre et d'élégance ;
Cuisiner est un art et une épreuve de vérité,
Un test d'aptitudes pour éblouir les invités,
De la haute couture culinaire ; oui, c'est la France !

Bella Italia

Les rires bruyants et conversations vont bon train
Autour de la table sous l'ombre de la pergola,
Desserres-ta ceinture, tu as sûrement encore faim !

Ad lib antipasti, ça commence vraiment bien,
Grands sourires sur les visages, voici la pizza !
Les rires bruyants et conversations vont bon train.

Puis des primi piatti pour satisfaire sa faim,
D'abord, un plat de pâtes all'amatriciana,
Desserres-ta ceinture, tu as sûrement encore faim !

Air embaumé de basilic, d'ail et romarin,
Maintenant arrive la lasagne, dans un grand plat ;
Les rires bruyants et conversations vont bon train

Accompagnant les secondi, quelques bons vins,
Délicieux osso buco et saltimbocca,
Desserres-ta ceinture, tu as sûrement encore faim !

Quels beaux dolci ! Ce repas est un vrai festin
Qu'accompagne très bien un doux vin de marsala,
Les rires bruyants et conversations vont bon train
Desserres-ta ceinture, tu as sûrement encore faim !

Gemuetlichkeit[11]

Le Rhin s'étend dans toute la beauté de sa vallée féerique ;
Au rythme tranquille des flots, qu'un voyage magnifique commence !
Sur les côtés, telles des forteresses, des collines escarpées, parfois à pic.
Dès les premiers méandres, on ne voit déjà plus Coblence ;
Au-dessus des vignes sur les promontoires, des ruines fantomatiques,
Un décor Wagnérien de châteaux inquiétants jusqu'à Mayence.
On y sent prendre vie les légendes de la mythologie germanique
Et l'histoire de la Lorelei qui expriment leur envoûtante puissance.

Le périple se poursuit vers la Plaine d'Alsace, scalpel géologique
Qui sépara deux sœurs siamoises, non sans conséquences.
A l'ouest, les Vosges bleutées, aux reflets de myrtille, idylliques
Et à l'est, la Forêt Noire mystérieuse, profonde et dense.
Direction le levant, ses coucous et ses spécialités gastronomiques,
Charcuteries, venaison aux champignons des bois, belle opulence,
Et une escapade vers le vieux Francfort dans une taverne typique
Se régaler de gruene sosse[12] et en toute convivialité faire bombance !

Le début de l'automne en Bavière, moment idéal et unique ;
Région hospitalière qui sait festoyer dans une merveilleuse ambiance.
Visiteurs de tous les pays y viennent partager un bonheur euphorique ;
Oktoberfest, creuset parfait de nations unies dans l'exubérance
D'un ballet de victuailles, bretzels, chopes de bières en vagues pléthoriques.
Les mélodies rythmées des blaskapellen[13] invitent à une danse
Sur place, entre voisins aux longues tables, dans une atmosphère magique
Où chacun savoure l'instant avec les autres en toute insouciance.

---

[11] Mot pour un concept typiquement allemand qui évoque une atmosphère de convivialité qui inclut non seulement les personnes mais le lieu de la réunion et les activités auxquelles ils s'adonnent
[12] Sauce verte composée de sept plantes (cerfeuil, persil, pimprenelle, oseille, ciboulette, cresson et bourrache), spécialité de la région de Francfort
[13] Groupe de musiciens jouant de la musique typiquement bavaroise

De retour à l'hôtel, un accueil chaleureux ponctué de la musique
D'un joueur de cithare accompagné de clients chantant en cadence ;
Quel bel exemple de gemuetlichkeit, dans le sud si classique !
Du folklore vrai et vivant pour agrémenter de belles vacances,
Des moments uniques amplifiés par un cadre bien sympathique.
Le matin, une multitude de pains pour une nouvelle expérience ;
Petits, ronds ou en tranches carrées, faits de graines variées et authentiques
Allant du blanc jusqu'à presque noir, palette de goûts et de nuances.

Nuit Andalouse

Promenade nonchalante par une douce soirée sur un boulevard,
Plaisir du jasmin embaumant les jardins du palais de l'Alcazar ;
Le ciel scintille et les senteurs ouvrent un appétit de bon aloi
En flânant dans le dédale du Vieux Séville, quel endroit !
Labyrinthe d'allées étroites, maisons aux numéros de céramique ;
Temps venu pour quelques tapas sur une petite place typique :
Anchois marinés, calamars frits ou palourdes aillées au vin
Un choix impressionnant et alléchant qui donne grand faim.
Humble et délicieuse tortilla avec un chorizo bien épicé,
Poivrons grillés bien charnus au fumet distinct et intrigant,
Albondigas[14] nappées de leur sauce tomate goûteuse, à essayer !
Manchego[15] à l'huile d'olive, combinaison délicieuse évoquant
Les brebis paissant paisiblement sous des rangées d'oliviers,
Et la Reine incontestable des tapas, en point d'orgue triomphant,
Mets divin au-dessus de tous les autres, le jambon ibérique !
Peu importe si le temps s'arrête, le Serrano est fantastique,
Un goût exquis, mais la Pata Negra est encore supérieure ;
Un de ces rares joyaux qui illumine la vie, ¡si señor!
Après ce minuit aux délices, la promenade reprend illico
Dans la nuit andalouse vers un spectacle de flamenco !

---

[14] Boulettes de viande
[15] Fromage de brebis

Oasis

Crépuscule d'une multitude d'étoiles dans un ciel
Pareil à un plafond de cristal scintillant d'étincelles,
Image digne d'un conte des mille et une nuits, euphorisante
Soirée caressée d'une brise légère à l'obscurité grandissante.
Ils se sont affairés pour ce diner toute une journée durant ;
Un méchoui, agneau qui rôti tout lentement sur le feu,
Dans un grand pot, un ragoût de légumes mijotant
Dont les effluves sont absorbés dans le couscous peu à peu.
La semoule sera triturée au fur et à mesure du temps requis ;
Cumin, cannelle, coriandre pour un ras el hanout au goût exquis
Clous de girofle et noix de muscade dans ce mélange délicat,
Et pour un coup de chaleur digne du Sahara, un peu de harissa !
Merveilleuse rêverie emplie d'émotions,
Odeurs et étoiles taquinent les sens en ébullition.
Rêverie d'une danseuse du ventre, le son de ses clochettes,
Dance lascive, suave et tentatrice ondulant ses courbes coquettes,
Dans la pénombre, rôdant, la silhouette irréelle d'un djinn
Attiré par les doux effluves émanant d'un tajine.
Un plateau de gâteries ressemblant à des bijoux comme dessert,
Incorporant les arômes d'une oasis proche, dans le désert ;
La friandise des rois de l'Age d'Or, ancêtre du calisson, le lauzinaj
Apparut furtivement, mais ce n'était qu'un mirage.
Joyaux sertis de pistaches et d'amandes inclus dans du miel,
Loukoum moelleux infusés d'eau de rose envoûtante
Que nous rinceront d'un rafraichissant thé à la menthe.
Quelle inoubliable soirée qui semble presque irréelle !

Bharati Masala[16]

Choix de deux douzaines d'épices multicolores,
Explosion de saveurs typiques en plein accord,
Réunies dans ces fabuleux masalas si odorants.
Amplification de subtils arômes ensorcelants
Dotant les plats de teintes pastel délicates ;
Toutes les nuances des ocres de l'Inde majestueuse,
Touches discrètes de brun, d'ambre et d'écarlate,
Palette de peintre impressionniste fastueuse,
Portions apparemment petites mais si satisfaisantes
Qui enflamment d'un feu digne du soleil local.
Combustion intense et jouissive, une sensation originale,
Heureusement, pour atténuer l'extase brûlante
Une gorgée et la rafraichissante sensation d'un lassi[17],
L'odeur douce d'un naan frais directement du tandoor[18]
Que l'on trempe dans la sauce des mets disposés sur le Thali[19],
Evocation de l'univers, nourriture de l'esprit et du corps.

---

[16] Traduction de « épices indiennes » en hindi
[17] Boisson à base de yaourt
[18] Four en terre cuite, enfoui dans le sol, utilise en cuisine indienne
[19] Plat rond sur lequel le repas est servi

Perfectionnisme

Apparence minimaliste d'un haiku,
Subtile complexité et harmonie raffinée,
Rituel tranquille du sadō, la cérémonie du thé,
L'arrangement artistique, notes délicates de hogaku[20]
Nourriture plaisir des yeux, l'essence du washoku[21] ;
Un délice qui transporte et enchante l'âme,
Art, fusion harmonieuse des couleurs, textures et saveurs.
   Kanpai[22] !

---

[20] Musique traditionnelle japonaise
[21] Terme qui signifie « cuisine japonaise »
[22] « Santé ! » en japonais

Torride

Chorégraphie bigarrée d'une foule d'un marché bondé ;
Vendeurs de rue offrant nombre de plats captivants
Servis sur des feuilles de bananes, bien dans leur élément.
Chaleur irrésistible qui t'enveloppe dès la première bouchée,
Mets délicieux qui annoncent un matin glorieux,
La douce odeur du lait de coco dans son curry,
Un bol de riz infusé d'ensorcelant jasmin
Ou, tels des fils de verre, de savoureuses nouilles de riz.
Ferme les yeux et imagine-toi dans un village thaïlandais !
Basilic, ail, feuilles de coriandre et citronnelle,
Cinq sortes de piments pour défier le palais,
La bouche s'embrase et déjà du front la sueur ruisselle.

Paradis

Vent ravigotant et rafraichissant du Pacifique,
Le Lu'au[23] va bientôt commencer, au crépuscule.
Les invités sont réunis pour une soirée magique ;
Danseurs de Hula près du feu en préambule,
Nourriture exquise, il y en a pour tous les goûts.
Enfoui dans l'imu[24], un cochon Kalua cuit à l'étouffée
Sous les frondes des cocotiers, un plat de pu-pu[25],
Une ration de poi[26], plat typique, sorte de purée.
Mahi-mahi en croûte de macadamia, délices de l'océan,
Une portion de misubi[27], ou un délicieux bol de poke[28];
C'est un véritable Jardin d'Eden aux fruits si abondants:
Ananas, mangues et papayes au doux goût sucré.
Qui ne voudrait pas rester vivre à Hawaii ?
Le son reposant des vagues du grand large,
Une impression de communion avec ce Paradis,
A jamais gravées dans ma mémoire, toutes ces images.

---

[23] Fête hawaiienne consistant d'un buffet et de spectacles
[24] Four creusé dans le sol
[25] Assortiment de hors d'œuvres
[26] Purée faite avec le tubercule du "taro", plante indigène hawaiienne
[27] Aliment inspiré du sushi, composé d'une tranche de "spam" (jambon en conserve) sur une bouchée de riz
[28] Bol de cubes de thon Ahi mariné

Eldorado

Diversité qui s'étend du fond de l'Océan Pacifique
Jusqu'aux sommets de la Cordillère des Andes ;
Mélange savant d'ingrédients et de saveurs idylliques,
Ancien et Nouveau Mondes en une fusion gourmande.
Un morceau sur le pouce dans la rue, tamales ou empanada,
Fabuleux fruits de mer avec coriandre, piments et citron vert,
Un ceviche rafraîchissant au parfum délicat.
Le Pérou a donné au monde la pomme de terre
Mais a gardé ses Papas à la Huancaina[29] ;
Conquistadores modernes en quête de précieux quinoa
Partageant un odorant pachamanca[30].
Eldorado d'une magique alchimie culinaire,
Monde mystérieux et sacré de l'Inca,
Un verre de Pisco vient à point pour parfaire.

---

[29] Pommes de terre bouillies dans une sauce compose de fromage frais, huile, piment, lait évaporé et sel
[30] Pot au feu traditionnel péruvien

Table de Riz

Emerveillement visuel, l'un des plus enchanteurs,
Mosaïque de plats à perte de vue sur la table,
Disposés avec une géométrie de rizières impeccable.
Si nombreux, un patchwork de fumets et de couleurs,
Variété étonnante de textures réunies dans cette collection ;
Le Krupuk, biscuit de crevettes léger et croquant,
Pisang Goreng, beignet de banane mou et croustillant.
Quarante plats et tout autant de plaisirs dans chaque portion ;
L'Indonésie étale sur la table une carte de tout son archipel,
Chaque terroir y présente ses spécialités traditionnelles.
Saveurs délicates de légumes, viandes et riz parfumé,
Un banquet merveilleux que personne ne voudrait refuser ;
La sensation de brûlure du sambal, attention !
Mieux vaut ne se satisfaire que d'un petit échantillon,
Ou risquer de sentir le feu monter en soi
Et sentir sa tête exploser comme le Krakatoa.

– **GRAVITÉ**

Vers de Terre

Nostalgie

Le monde d'aujourd'hui n'est plus comme avant,
Le pain n'a plus le goût qu'il avait d'antan.
Aujourd'hui, on ne mange plus rien de naturel,
Toute notre nourriture est devenue artificielle.
Jadis, c'était de la vraie farine dans les boulangeries
Et le bétail paissait heureux dans les prairies.
A cette époque-là, la vie était douce, c'était le bon temps !
Maintenant, tout n'est plus devenu qu'histoire d'argent.
Emouvante nostalgie, ancrée profondément dans les mémoires,
Face à l'incertitude, elle est souvent notre dernier rempart.
Etait-ce vraiment mieux avant ou n'est-ce qu'une illusion ?
La nostalgie ne serait-elle qu'une autre forme de confusion ?
Joli temps passé que les nombreuses famines inhumaines,
La dysenterie, l'ergot, le botulisme et le manque d'hygiène.
Oui, il faut chérir la sagesse de nos aïeux et de nos traditions,
Un avenir prospère repose sur de telles fondations.
Seulement, ne nous égarons pas au risque d'être à jamais perdus
Dans une nostalgie de ce qui jamais vraiment ne fut.

Authenticité

Souvenirs d'enfance que l'on peut presque goûter,
Imprimés pour la vie d'une encre indélébile dans nos esprits;
L'authentique est relatif, issu d'une expérience qui nous est chère,
Sous la forme d'une belle croûte dorée ou d'une saveur particulière,
Les proportions exactes d'ingrédients soigneusement choisis
Au goût si délicieux qui perdure et auquel on ne peut résister.
La magie qui se produisait dans la cuisine de grand-mère,
Parfois délicieux accidents, mais surtout son talent extraordinaire,
Si unique qu'il nous revient chaque fois toutes ces images,
Reconnaissables et indissociables, ces délices ont un nom et un visage !
Des odeurs immortelles, sources d'uniques sensations,
Des saveurs qui caressent la langue et qui durent à tout jamais.
Uniformité et prévisibilité n'atteignent jamais la perfection
Des imperfections créées de la main d'un être cher.
En y réfléchissant bien, ce besoin essentiel d'authenticité
N'est rien vraiment d'autre qu'un désir primordial d'humanité.

Gaspillage

Vies, eau, énergie
Et nourriture gaspillées
Quel péché mortel !

Faim

Gandhi a dit: « La pauvreté est la pire forme de violence »
Violence qui affaiblit le faible chaque jour davantage,
Violence physique de la faim qui réduit à l'esclavage,
Qui tue enfants dans une glaciale indifférence,
Epuise inexorablement les forces de ses victimes
Juste heureuses qu'elles puissent survire un sort si cruel,
A qui manque l'énergie pour travailler et vivre, d'être si frêles ;
Faim qui n'existe que par complicité à ce crime.
Le Mahatma dit encore à juste mesure :
« La terre produit assez pour satisfaire tous nos besoins,
      mais pas la cupidité de chacun »
Faim, bien moins un problème d'agriculture
Que d'attitude et de conscience, voilà la calamité !
Oui, il y a assez de nourriture pour chacun de nous.
Malheureusement, de coupables instruments rôdent partout,
Immoraux péchés capitaux : gloutonnerie, paresse et cupidité.
Manger à s'en détériorer la santé est pure et simple stupidité,
Considérer la nourriture comme acquis et la jeter, quelle honte !
N'est la civilisation qu'une jungle édulcorée où si peu compte ?
En tel cas, ceux qui ont tiré les bons numéros, les privilégiés,
Les chanceux, nés uniquement par hasard au bon endroit,
Prenez humblement garde au jour où votre Karma viendra !

Point de Rupture

Visage austère face à une adversité tenace,
Aucune bonne nouvelle, ni d'aide à l'horizon,
Regard vide vers le ciel, peu d'espoir de pluie, hélas !
Il n'y a que des problèmes, rien de bon ;
La Nature est rude, la sécheresse implacable.
L'année dernière fut trop humide, tout avait pourri ;
Encore avant, plusieurs foyers de maladies,
Et ce banquier qui a tant d'emprise,
Ces emprunts à rembourser, quel désespoir !
Un salaire de misère, un marché en crise,
Chaque jour, travail incessant du matin au soir,
Comment nourrir une famille de son agriculture ?
Cela semble un combat sans fin ;
Ironie cruelle des fermiers producteurs de nourriture,
Fournisseurs de la vie pour le Bien,
Et victimes de la pauvreté et de la faim.
Poussés à bout, pour combien de temps encore ?
Les dîners sont devenus d'un silence malsain,
Souffrant de dépression, s'inquiétant de leur sort,
L'angoisse s'est invitée, tout n'est que tracas.
Torture mentale d'une violence inouïe ;
Sur la ferme, les possibilités ne manquent pas
Pour abréger cette insupportable infamie.
Ici, produits chimiques et là, une corde usagée ;
Dans la grange, un fusil ; la pente est savonneuse
Vraiment, est-ce la solution ? Tout abandonner ?
Une ferme façonnée par les générations de père en fils,
Orgueil du travail bien fait, amour de cette terre généreuse,
Il y aurait tant à perdre car les enfants grandissent.
Non, ne fais pas ça !
Son esprit est aveuglé par le désespoir ;
Non, ne fais pas ça !
Son cerveau n'y voit plus clair ce soir……………

Sacrifice

Signe de richesse sur la table des maîtres, des siècles durant,
Ce n'est pas par hasard un des mets de choix préférés.
Posée sur le plat au milieu de judicieux accompagnements,
Alléchant les sens et le palais déjà rien qu'à y penser,
Depuis toujours considérée luxueuse et somptueuse :
La viande ! Parfois objet de controverse notable,
Il y a une raison pour laquelle elle était rare et coûteuse.
Pour venir sur la table, le prix à payer n'est pas négligeable ;
Une créature fera l'ultime sacrifice pour nous nourrir.
La Mort est nécessaire pour sustenter la Vie,
Voilà une pensée à laquelle il faut bien réfléchir !
Bonne raison pour traiter les animaux avec un respect poli ;
Puisqu'elle sera courte, offrons-leur une clémente existence,
Travaillons et servons la viande avec considération,
Soyons humble, ne commettons pas la suprême offense,
Ne gâchons jamais cette précieuse source d'alimentation !

Humilité

Perception erronée et déformée de la réalité,
Ego puissant qui influence le comportement,
Opinion surfaite de ses propres capacités,
Depuis les cavernes quel long cheminement !
Oubliées nos humbles origines si éloignées de cette vie confortable ;
Depuis le début, nous avons appris et expliqué notre univers,
Nous savons tout, et avons tous les outils imaginables.
Puissantes drogues que la richesse et le pouvoir pervers
Qui distraient notre raison et hypothèquent notre futur !
De toutes nos réussites, aucune ne se mesure à la Nature
Que nulle chose ne peut en altérer les immuables lois.
Pouvons-nous nier notre biologie, et pour quoi ?
Avoir quelque autre lubie et jouer à l'apprenti sorcier ?
Cupidité et hubris jadis péchés sont désormais source de fierté.
Enivrée de ses prouesses, l'humanité est encore adolescente,
Donc bien sûr elle sait tout, quelle sottise arrogante !
Toute action a ses conséquences, souvent imprévisibles ;
Plus de force destructrice dans la Nature que dans notre armement.
Il serait bien présomptueux de penser autrement
Alors que pour nous éliminer il ne suffirait que d'un virus invisible.

Toujours Assez

Plein de tentations pour acheter encore plus,
Ne serait-ce pas formidable d'avoir plus encore ?
Toutes ces pubs, il est impossible qu'on les ignore,
Qui vous font douter sans penser au gaspillage.

Allez, il faut aller voir quelques étalages !
Comment résister ? Merveilleuse île aux trésors,
Il faut acheter ou faire face à votre sort,
Les voisins verront que vous n'êtes pas à la page.

Ce n'est important que si l'on a des complexes,
A ce rythme, l'avenir devient prévisible :
Le jour viendra ou ça ne sera plus possible.

Changer son comportement n'est pas difficile ;
En y réfléchissant, plutôt qu'accumuler
On ne manque de rien quand on a toujours assez.

Ballade des Déracinés

Tout doucement s'est produite une rupture,
Un invisible déracinement graduel,
Une déconnexion d'avec la Nature
A l'origine d'une relation nouvelle
S'accompagnant d'une crise existentielle
Dans laquelle s'estompent de nombreux repères.
Arrachés à leur mère nourricière,
Puis transférés dans un biotope stérile
Où manquent les choses les plus élémentaires ;
Retrouver du bon sens sera utile !

On se demande ce qu'est la nourriture
Dans ce monde hors-sol et artificiel.
Qu'est-il devenu de l'agriculture ?
Prisonniers d'une logique industrielle,
Deux univers vivant en parallèle
Cherchant des racines dans l'imaginaire,
Essayant de réinventer la Terre
Et préserver ce qui paraît fragile
En se perdant parfois dans des chimères ;
Retrouver du bon sens sera utile !

Désaccords croissants pour notre futur
Ce ne sont que querelles après querelles
Des déchirements de mauvais augure ;
Est-on dans le virtuel ou le réel ?
Ne perdons jamais de vue l'essentiel
Ni ne soyons guidés par la colère
Ou par des idéologies sectaires !
La tâche qui nous attend est difficile ;
Joignons nos forces et soyons solidaires !
Retrouver du bon sens sera utile !

Au fond, nous savons tous ce qu'il faut faire
Pour surmonter les défis, c'est bien clair :
Tous ensemble, dans les campagnes et les villes,
Lançons-nous dans un dialogue salutaire !
Retrouver du bon sens sera utile !

Respect

Tonnerre estival,
En désaccord, dis-m'en plus !
Je veux écouter

Artifice

Viande factice, lait factice, fromage factice, aliments artificiels,
Ingrédients, conservateurs et colorants sans de rien de naturel,
Réalité virtuelle, assistant virtuels, magasins virtuels,
Info bidon, faits bidons, science bidon, maladie bien réelle.
Cordon ombilical digital, utérus digital, prison mentale digitale,
La nouvelle trahison est d'exprimer des pensées originales.
Une intelligence artificielle pour que la nôtre devienne muette,
Elevage humain intensif, nous sommes du bétail obsolète
Qu'une alternative technologique plus servile va remplacer,
Il nous faut trouver ailleurs une nouvelle dignité.
Nature qui disparait et nature humaine réprimée,
Nature violentée, Nature épuisée, Nature négligée !
Diversité subissant son holocauste inutile et tragique
En attendant le nôtre qui semble alors inéluctable et fatidique,
Eteignez vos appareils, ouvrez la porte pour votre bien ;
Respirez l'air pur, cultivez un fertile jardin
Et regardez le miracle enivrer vos sens de réalité,
Libérez votre esprit, soyez des humains en liberté !

Biodiversité

Mécanique complexe de toute forme de vie fertile
Organisée en savants systèmes, raffinés et détaillés,
Qui cherchent chacun leur oikos[31] particulier ;
Un endroit où prospérer auprès de voisins utiles,
Diversité qui apporte une complémentarité vitale,
Une résilience et la survie de par son adaptabilité.
Partenariat ingénieux d'une symbiose spontanée,
Diversité génétique libérant une hétérosis capitale.
A l'opposé, uniformité monotone, perspective lugubre ;
Appauvrissement de ressources pourtant si essentielles
S'éteignant doucement comme la flamme d'une chandelle.
Crépuscule annonciateur d'un avenir sombre et insalubre,
Aliénation progressive et solitaire vers l'extinction ;
Un jour, nous espérerons avoir fait plus attention.

---

[31] Mot grec signifiant « maison », utilisé comme préfixe sous la forme « éco », par exemple économie, écologie

Nature

Sans plan prédéfini et sans jeux politiques
Incarnant un Être Suprême omniprésent,
La Nature est en quête d'équilibre, constamment,
Suivant les lois immuables de la physique.

Entropie qui mène la dance thermodynamique,
Perpétuelle harmonie pendue au fil du temps,
Parcimonie naturelle de ses éléments,
Énergie d'efficacité économique.

Vaincre et soumettre la Nature, futile chimère !
Conséquences dévastatrices de la vanité,
Alors qu'il ne faut que l'inviter à danser.

Repensons notre relation à la Nature ;
Face à sa force, acceptons notre petitesse !
Respect ! Elle nous retournera la politesse.

Sauterelles

Obscurcissant le ciel, arrivant en un nuage par millions,
Sans pitié, elles rasent les champs, rien ne résiste,
Pas un brin d'herbe, pas un arbrisseau qui ne subsiste.
Leurs mandibules mâchent tout au fil des sillons,
Transformant prairies vertes et cultures en terrains dénudés.
Fermiers la tête entre les mains, sont impuissants et mortifiés ;
Encore hier, la récolte prometteuse était en pleine production,
Et aujourd'hui rien ne reste que désolante et stérile destruction !
Sous le désespoir et la colère, leurs vies chavirent,
Ils contemplent le spectre terrifiant de la famine.
Les sauterelles étaient à la fête et devinrent vermine,
Elles vivent dans le présent sans réfléchir,
Juste leur instinct primitif pour les guider.
Qu'arrivera-t-il lorsqu'il n'y aura plus rien à manger ?
Une espèce intelligente agirait-elle si inconsciemment,
Ne faisant que ravager la Terre et la piller égoïstement,
Laissant derrière elle seulement misère et désolation,
Risquant ainsi stupidement l'avenir des générations futures ?
La sauterelle a une bonne excuse, c'est une simple créature,
Quelle est la nôtre, nous qui nous vantons d'être doués de raison ?

Le Futur

Futur
Toujours obscur
Histoire qui se répète
Scénario le plus rationnel
Probable

Parfait
Les ambitions se réalisent
Juste parce qu'on le souhaite
Effort notable
Espoir

Ingrat
Moi et mes souhaits
Bien sûr, je réussis
Avant tout, vœux pieux égoïstes
Cupide

Chanceux
Fantaisie créatrice géniale
Possibilités infinies
Ou science fiction
Vision

Cinq Etapes[32]

Soleil sur ma peau
Non, il n'y a pas de problème
Changer? Pas besoin!

Ravages ? votre faute !
Vos mensonges, ma colère gronde
Nuages à l'horizon

Bonne récolte au champ
Sûr, terrain d'entente fertile
Danger écarté !

Sècheresse, inaction
Point de non retour fatal,
Nous sommes donc perdus !

L'hiver se profile
Il va falloir accepter,
C'est notre seule chance.

---

[32] En référence aux cinq étapes du deuil, aussi connu sous le nom de modèle de Kübler-Ross : déni, colère, marchandage, dépression et acceptation

Terre à Terre

Nous sommes atomes et poussière d'étoiles
Issus de la croûte terrestre natale,
Bâtis en une complexe structure
Des mêmes matériaux que toutes les créatures.
La naissance d'une nouvelle vie,
Une quantité limitée de temps à crédit,
Le miracle ne repose que sur de la matière empruntée,
Accomplissant une mission vitale et stupéfiante.
La mort ne retourne que ce qui était prêté,
Recyclage pour assurer la génération suivante.
Le cycle est simple, une mort pour une vie ;
Loi immuable de la transformation,
La garantie d'une magique transition,
Merveilleuse chimie de la vie et de sa survie,
Comptabilité continu du bilan des Eléments
Débit par ci, crédit par là, évidence élémentaire ;
Le secret de l'Eternité réside dans l'économie circulaire.

Au sujet de l'auteur

Christophe Pelletier est né à Paris en 1961. Son destin était sans doute tout tracé dès le début. Il est fils de boucher et petit-fils de vigneron, issus de générations de paysans aussi loin que l'état-civil peut remonter, au 16ème siècle. Il fit ses études en Grandes Ecoles, à l'Institut Agronomique Paris-Grignon, aujourd'hui rebaptisé AgroParisTech, où il obtint son diplôme d'Ingénieur Agronome avec spécialisation en Economie et Développement des Productions Animales.

Christophe a exercé de nombreuses fonctions dans l'industrie agro-alimentaire. Il a eu des rôles techniques et scientifiques, dans le commercial et le marketing, de cadre supérieur et de dirigeant. Sa carrière a été internationale, s'étendant sur cinq continents. Il a vécu dans trois pays et il parle cinq langues.

En 2009, Christophe a créé *The Food Futurist*, tout d'abord comme un blog dédié à l'avenir de l'agriculture et de l'alimentation. L'approche du Food Futurist est de suivre les évolutions et les tendances avec un esprit critique, ce dont Christophe ne manque pas, et sans préjugé ni partialité. Il est un des experts mondiaux sur ces sujets, sur lesquels il a publié deux livres, *Future Harvests (Récoltes De l'Avenir)* and *We Will Reap What We Sow (Nous Récolterons Ce Que Nous Sèmerons)*. Christophe est un conférencier faisant régulièrement des présentations lors de conférences un peu partout dans le monde. Il fait aussi du conseil stratégique sur l'avenir de l'agriculture et de l'alimentation. Un autre secteur d'activité de Christophe est le conseil sur comment faire de bon repas équilibrés de gourmet pour un budget modeste, appelé *The Sensible Gourmet*.

Lorsqu'il n'écrit pas ou ne parle pas d'agriculture et d'alimentation, Christophe arpente les routes de campagne et de montagne sur son vélo et s'active également autour de sa cuisine. En épicurien convaincu, il prépare de bon repas, fait du bon pain, et fabrique sa charcuterie. Il a un jardin dans lequel il produit une bonne partie de ses légumes, et aussi un petit vignoble, dont il fait quatre vins fort remarquables. Il vit actuellement dans la région de l'Okanagan, en Colombie Britannique, au Canada.

Vous pouvez trouver plus d'information sur Christophe et ses activités sue les sites suivants :

- www.hfgfoodfuturist.com
- www.hfgsensiblegourmet.com

www.ingramcontent.com/pod-product-compliance
Lightning Source LLC
Chambersburg PA
CBHW052324220526
45472CB00001B/257